OFFICIAL GUIDE BOOK

ルパン三世

LUPIN THE THIRD

PART 6

LUPIN THE THIRD

OFFICIAL GUIDE BOOK

ルパン三世

LUPIN THE THIRD

PART 6

CONTENTS

MAIN CHARACTER DATA

STORY GUIDE

SETTING MATERIALS

SPECIAL MESSAGE

MAIN CHARACTER DATA

メインキャラクターデータ

ルパン一味と銭形のキャラクターデータに加えて、『PART6』での活躍や彼らが持つずば抜けたスキルを紹介。八咫烏&アルベールにも注目！

ルパン三世

LUPIN THE THIRD

狙った獲物は逃がさない天下の大泥棒

かの有名なアルセーヌ・ルパンを祖父に持つ、神出鬼没の大怪盗。高い身体能力と抜群の運転技術、射撃の実力も一流という万能超人だが、調子に乗りやすい所もある三枚目。ＩＱ３００という天才的な頭脳から生み出された奇想天外なアイデアと盗みのテクニックを駆使して、入手不可能とされたお宝も容易に盗み出す。ただ、「盗む」という行為そのものを楽しんでいるような節もあり、苦労して得たお宝でもさほど固執する事がない。また美女、特に不二子にはめっぽう弱く、罠だとわかっていても騙される事が多く、次元や五ェ門からは呆れられがち。

PROFILE DATA

身長：179cm　体重：63kg
年齢：不詳
国籍：不明
愛用拳銃：ワルサーP38
特技：変装

Character LUPIN III

CV:
栗田貫一

ACTION 活躍

今作でも火を吹く、愛銃のワルサーP38。さらに世界一の探偵・ホームズとの対決や、謎に包まれていたルパンの過去の一部も明らかに!?

←ルパンは射撃能力も一流。だが不二子のハートだけは撃ち抜けない…。

←ホームズと対峙するルパン。世界一の怪盗と探偵、その勝敗は…!?

→かつてルパンの教師をしていた女性との再会。ルパンとの因縁も発覚…!?

SKILL スキル

奇抜な発想と持ち前の身軽さで、様々な手段でお宝を狙う。ハイテクにも精通しており、高度なセキュリティも難なく突破する。

→IT企業のシステムも、軽々とハッキング。不二子の危機を救う。

←ドローン上に、ホログラムを映し出せる最新技術も自在に使いこなす。

→警備会社への侵入前に黒のボディースーツ姿で準備運動。スリルを楽しむ気満々の笑み。

変幻自在ルパン三世 変装集

盗みのテクニックを数多く持つルパンだが、最も得意としているのは変装。本作でも、一国の首相から平凡な老人まで、様々に姿を変えている。

←暗殺依頼を受けて殺し屋に変装。声質までも全くの別人のものに。

↑穏やかな風貌のご老人。妻に花を買いに来たという架空の設定も含め、完璧な偽装を見せる。

←お宝を盗むため、某国の首相に変装。見た目だけでなく口調や態度にも、どこか威厳がありそう。

←学校の教師に変装して、極秘任務を遂行。当然、教え子にも気付かれる事はなかった。

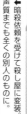

次元大介

DAISUKE JIGEN

クラシックな生き様を信条とする超一流ガンマン

深くかぶったイタリア製の中折れ帽子と、少し長めのアゴヒゲがトレードマーク。ルパンが最も信頼する相棒で、得意の早撃ちは速度、精度ともに右に出るものはいないほどの実力者。ルパンと組む前は裏の世界で過ごしていた過去があり、殺し屋や傭兵などの裏稼業に詳しい一面も。情に絆《ほだ》されがちなルパンと違い、常に冷静な判断を下すため、時にはルパンと袂を分かつような状況になる事もあるが、それでも両者の信頼関係が崩れる事はない。ハードボイルドで渋めの印象があるせいか、女性の扱いがやや苦手で、怖がらせてしまう事もあるのが玉に瑕《きず》。

PROFILE DATA

身長：178cm　体重：70kg
年齢：不詳
国籍：日本
愛用拳銃：S&W M19 コンバット・マグナム
特技：射撃

Character JIGEN

CV:
大塚明夫

ACTION 活躍

銃を扱わせたら世界屈指の実力だけに、多くの場面でその腕前を披露。また、硬派な態度に反して、ルパンと子供のようにはしゃぐ事もある。

⬅バズーカでも見事な腕前を披露。射撃の天才からすれば、銃と変わらない？

⬅運転も得意だが、時にルパンに任せて煙草をふかしたり、銃撃もする。

➡ほぼ常に行動を共にし、気心が知れているだけにじゃれ合うような一幕も。

SKILL スキル

得意の射撃以外にも、いくつかの意外な特技を持つ。何をやらせても一流の腕前を持つルパンの相棒を務めるうちに身につけたのだろうか。

➡ライフルを使って、遠距離からの狙撃。銃の扱いならお任せ！

⬅殺し屋に扮した次元。ガンマンでも、変装の技術にも長けている。

➡実はグルメなのか、料理の腕前も相当なもの。タコさんウインナーは好物？

射撃の達人 次元大介 ガンショット集

愛用のコンバット・マグナムを使った早撃ちは次元の真骨頂。加えてライフルや銃弾の軌道を計算した狙撃など、一風変わったテクニックを披露する事もある。

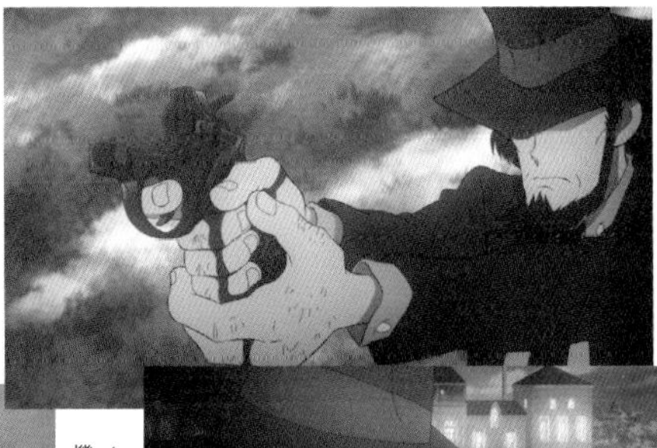

⬅ルパン以上に付き合いの長いマグナム。その相棒を信じて、壊れかけた銃身で射撃。その結果、銃身が消失し…!?

⬅走り去る車に、小さな発信機を仕込んだ弾丸を撃ち込む。

⬅あらぬ方向を見ながら狙い撃った弾丸は、跳弾して標的に命中。

石川五ェ門

GOEMON ISHIKAWA

果てなき修行の道を歩む剣士

約400年前に日本を騒がせた大泥棒の末裔にして十三代目に当たる。愛刀・斬鉄剣を用いた鋭い剣筋は「斬れぬものなし」と称され、飛び交う銃弾や車両などもたやすく斬り裂く。先祖の因縁もあり、ルパンとは敵同士だったが、その器に感服して仲間となった。ストイックな性格で口数は少なく、自らの信念に反する事には応じないため、次元同様にルパンからの誘いを断る事も。普段は修行のためにルパンたちと別行動をとっている事が多い。だが、いざとなるとどこからともなく姿を現し、ルパンたちを危機から救いだす。

PROFILE DATA

身長：180cm　体重：63kg
年齢：不詳
国籍：日本
愛刀：斬鉄剣
特技：居合い

Character GOEMON

CV:
浪川大輔

ACTION 活躍

自らを律し、ただひたすら剣の道を歩む五ェ門。だがルパンたちと付き合ううちに、目指しているものとは違う方向に行ってしまう事も…。

⬅一人の剣士としてホームズと対峙。剣術の東西対決が勃発…!?

⬅ルパンが購入してきた花を、甲斐甲斐しくお世話。マメな一面もあるようだ。

➡普段は和装を崩さない五ェ門だが、ミッションによっては衣装を変える。

SKILL スキル

ルパンたちの前衛役として活躍の場が多い五ェ門。また、近年ではストイックなだけでなく、ユーモラスで臨機応変な対応も習得しつつある。

➡居合の達人で、疾風のごとき剣さばきで並み居る敵を切り捨てる。

⬅扮装をしているフリをする五ェ門。普段は絶対に見せないような表情…。

➡五ェ門の出す手料理のほとんどが蕎麦。その事を愚痴るルパンに対し、五ェ門は激高。

日々精進 石川五ェ門 超絶剣技集

どんなものでも斬ってしまう斬鉄剣の使い手・五ェ門。たゆまぬ修行あってこそ斬鉄剣を使いこなす事ができ、「つまらぬもの」を斬る事もまた剣士の道。

⬅パンツを残して、ルパンの服を細斬りに。これこそ「つまらぬもの」の極み。

⬇銃弾を容易に弾く装甲車でも、五ェ門の剣の前では紙クズの如く斬り裂かれる。

⬅無数の雪の大玉が頭上から降ってこようが、五ェ門の手にかかれば一瞬でバラバラになってしまう。

峰不二子

FUJIKO MINE

あらゆる男を手玉に取る絶世の美女

抜群のスタイルと美貌であらゆる男たちを魅了し、虜にしてきた魔性の女盗賊。金銀財宝に目がなく、お宝のためなら仲間を裏切る事もしばしば。見た目とは裏腹に身体能力が高く、優れた格闘センスを持つ。さらに、銃火器や運転技術など機械類の扱いにも長けている、まさに才色兼備のパーフェクトウーマン。また、各国の政府関係者から秘密裏に依頼が入る事もあるなど、世界中に独自のコネクションを築いており、その情報網を駆使してお宝の情報をいち早く入手する。本作では、何よりもお宝を優先する事が多い不二子の意外な一面が見られるかも…？

PROFILE DATA

身長：167cm　体重：50kg
スリーサイズ：99.9cm／55.5cm／88.8cm
年齢：不詳
国籍：日本
愛用拳銃：FNブローニングM1910
特技：ハニートラップ

Character FUJIKO

CV:
沢城みゆき

ACTION 活躍

お宝への飽くなき欲求と類まれな美しさで、本作でも様々な男たちを翻弄。ルパンたちとは別行動をとる事が多く、独力でお宝を狙う。

⬅愛車のバイクを華麗に乗りこなし、銭形たちの前に現れる事も。

⬅特殊なスーツで、突如姿を現す不二子。道具の使い方もルパン並み…!?

➡不二子のかつての相棒も登場。久しぶりの仕事でも、息はピッタリ!?

SKILL スキル

お宝を得るためなら手段を問わない不二子は、侵入や篭絡、変装など、何でも器用にこなす。特に変装術はあたかも別人の如き冴えを見せる。

⬅いつもの手練手管でアラビアの富豪に取り入り、難なくお宝をゲット。

➡単独行動が多い不二子だが、ルパンたちと協力するミッションも。

➡どこか野暮ったい、田舎のウェイトレスに変装中。持ち前の色気を見事に隠している。

男を魅了 峰 不二子 セクシーショット集

今作でも不二子の代名詞であるセクシーシーンは健在。世界中の男を骨抜きにするダイナマイトボディは、時には強力な武器に、時には弱点になる事もある。

⬅ブラジルのビーチを満喫する不二子。青空の下で一際輝くセクシーな黒ビキニ姿に、男たちの視線も釘付け!?

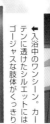

⬅入浴中のワンシーン。カーテンに透けたシルエットには、ゴージャスな肢体がくっきり。

⬅敵の罠にかかり、肌も露わな下着姿で拘束されてしまう場面も。

銭形警部

INSPECTOR ZENIGATA

日夜ルパンを追いかける専任捜査官

江戸時代に活躍した、高名な岡っ引きの子孫。ルパン逮捕に命をかけており、国際指名手配中の彼を追うためＩＣＰＯ（インターポール）に出向中。ルパンを追い詰めながら間一髪で逃がしてしまう事が多いが、彼を最もよく知る存在として、ルパン出現時には各国から応援要請を受ける事も少なくない。直情的な熱血漢で曲がった事を嫌う性格のため、卑劣な敵に対してはルパンと共闘する事もあるなど、ある意味ではルパン最大の理解者ともいえる。行動を共にする八咫烏とは性格が似ているためか、良き部下、良き相棒として信頼している。

PROFILE DATA

身長：181cm　体重：73kg
年齢：不詳
国籍：日本
愛用拳銃：コルト1911A1ガバメント
特技：ルパン追跡

Character ZENIGATA

CV: 山寺宏一

ACTION 活躍

今作でもルパン出現の一報があれば、世界中のどこへでも駆け付ける執念深さを見せる。また、ルパンの居所を即座に見抜く特別な嗅覚も健在。

⬅本部から帰還命令が下されようが、命令を無視して捜査を続行する！

⬅ある屋敷の警備中、次元と五ェ門を発見。捜査で培われた持ち前の勘が冴え渡る！

➡事件直後に現場に居合わせたせいで、犯人と間違われ逮捕される一幕も。

SKILL スキル

長年、ルパンを逮捕できずにいるものの、警官としては非常に優秀。射撃の腕前はかなりのもので、手錠を使った独自の逮捕術も用いる。

➡手錠を投げて相手を捕獲するおなじみの技は、本作にも登場!?

⬅あまり銃は使わないが、その構えは堂に入ったもの。射撃の腕も一流。

➡高い指揮能力と強烈なリーダーシップで、八咫烏たちや警官隊を率いて犯人を確保！

不屈の精神 銭形警部 執念の追跡集

銭形のルパン追跡のスタイルは、経験を活かした地道な捜査が基本。だが時には協力者からの情報提供など、ありとあらゆる手段を駆使してルパンを追い続ける。

⬅自らの足だけでなく、ICPOのハイテク技術や情報網を駆使してルパンを追う。

⬅ルパンが狙ったお宝を取り返そうとして海に転落…。浮き輪代わりのウミガメを抱いて悔しがる。

⬇ルパンの行動を予測し、あんぱんと牛乳ならぬ、ドーナツとミルクで張り込み。

GORO YATAGARASU

八咫烏五郎

銭形を尊敬する熱血刑事

CV:
島崎信長

ICPOに所属する若手刑事で、通称「やた」。正義感が強く、銭形の部下としてルパン逮捕にも精力的に活動。捜査中に協力者となった捜査官のアリアンナとはイイ雰囲気のようだが…？

フランスの司法警察中央局局長。過去にルパンと継承者争いを繰り広げた。得意の変装を活かし、ルパンに先んじてレイブンの秘宝に繋がる一枚絵を盗み出すが、組織に追われて重傷を負う。

ALBERT D'ANDRÉSY

アルベール・ダンドレジー

CV:
津田健次郎

ルパンとの因縁を持つかつてのライバル

ストーリーガイド

STORY GUIDE

次元を中心とした第０話から第１クール＆第２クールの物語を追う。
ホームズや謎の女トモエなど、魅力的な人物が多数登場！

サブキャラクター紹介 第1クール

ルパン三世とシャーロック・ホームズの対決が描かれるメインストーリー。登場する重要な人物や、オムニバス回を盛り上げる個性豊かな人物に注目してほしい。

ホームズ
CV：小原雅人

抜群の推理力を誇り、世界一とも謳われる名探偵。10年前の事件でワトソンを失い、彼の娘のリリーを引き取った。以後、一線を退き、浮気調査やペット探しなどの仕事に従事。

リリー
CV：諸星すみれ

ワトソンの娘で、ホームズと同居している。活発な性格で、ホームズを父親同然に慕っている。父を殺した犯人を目撃したが、そのショックで事件に関する記憶を失った。

ハドソン
CV：園崎未恵

ホームズの下宿先ベーカー街221Bの女主人。下宿人のホームズたちを献身的に世話する。ワトソンの死後、リリーのために一線を退いたホームズを案じていた。

レストレード
CV：志村知幸

ロンドン警視庁・スコットランドヤードの警部。ホームズと親しく、事件解決のために捜査の手助けを依頼する事も多い。ルパンの出現後は銭形とも協力関係に。

ワトソン
CV:西村太佑

リリーの父。ホームズにとって、良き相棒にして良き相談相手だったが、10年前に起きたある事件で命を落とす。

エリオット
CV:濱野大輝

英国秘密情報部「MI6」に所属するエージェント。レイブンの財宝を狙っており、ルパンたちとは財宝を巡って対立する。

フォークナー
CV:高桑 満

ロンドン有数の資産家。秘密組織・レイブンの財宝に関係する「絵」を所有し、フォークナービル内で厳重に管理していた。

第3話
リー(左)&ダネイ(右)
CV:阪口周平&中尾 智

従兄弟同士で探偵マニア。どちらも美女に弱く、不二子を追ってとあるパーティーに参加。

第3話
モートン
CV:玉野井直樹

鉄道マニアであるマーキス侯爵に仕える執事。その裏では、侯爵が秘蔵している貴重な乗車券を狙っている。

第4話
ウェイトレス
CV:日笠陽子

田舎のダイナーで働く。怪しい客が相手でも動じることなく淡々と接客する。読書家で、映画にも精通している。

第4話
殺し屋②
CV:白熊寛嗣

寡黙な殺し屋。しゃべりすぎる相棒と共に田舎のダイナーを訪れた。「殺し」に自分なりのルールを持っている。

第4話
殺し屋①
CV:小林親弘

おしゃべりな殺し屋。とある筋からの依頼を受けて、ある男の命と彼の持つお宝を狙い、ダイナーを訪れた。

第5話
黒蜥蜴
CV：沢城みゆき

帝都東京を騒がせる、悪名高き女盗賊。大元帝国のからくり時計を狙い、ルパンに協力を持ちかける。

第5話
波越警部
CV：山寺宏一

怪盗・黄金仮面の逮捕に情熱を燃やす警視庁の警部。からくり時計を狙うルパンを捕らえるため明智に同行。

第5話
大道寺大佐
CV：宮内敦士

陸軍大佐。からくり時計を横取りしようと、密かに黒蜥蜴を雇ってルパンを意のままに操ろうと企む。

第5話
本郷義昭
CV：大塚明夫

大道寺の部下で、階級は少佐。大道寺に影のように付き従っている。その風貌は、次元大介にうり二つ。

第5話
明智小五郎
CV：鈴木達央

抜群の推理力を誇り、日本一との呼び声も高い私立探偵。黄金仮面の捜査中に、ルパンと相対する。

第5話
サラントヤ
CV：佐藤美由希

長年からくり時計の保守を担っていた一族の者。時計を大陸の動乱から守るため、瑠璃子の護衛も兼ねて来日。

第7話
モラン大佐
CV：金尾哲夫

凄腕の殺し屋。傭兵上がりで、特殊な空気銃による狙撃を得意とする。ある人物に雇われ、ホームズの命を狙う。

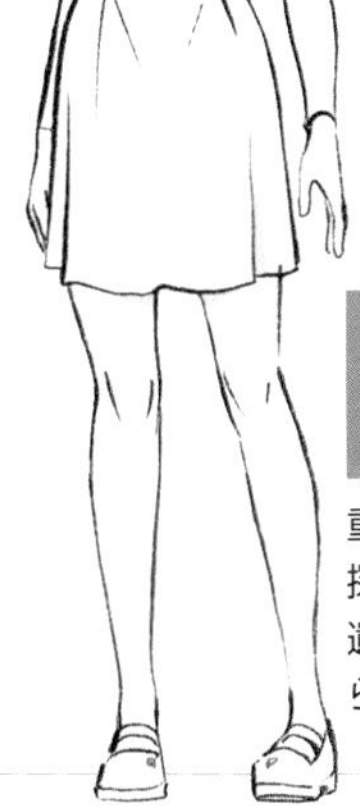

第5話
重富瑠璃子
CV：植田佳奈

重富コンツェルンの令嬢。探検隊を率いて大陸に渡り、遺跡で歴史的価値のあるからくり時計を発見した。

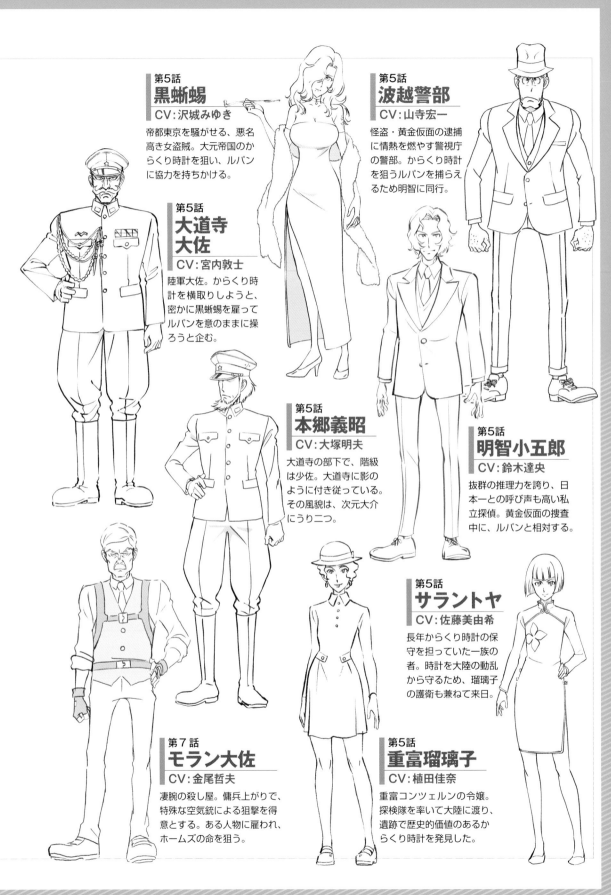

第8話
ローク
CV:石井康嗣

元CIA所属で、フリーランスの暗殺者。謎の人物からリリーの監視と始末を命じられる。次元と因縁がある。

第7話
ホレイショ
CV:岐部公好

レイブンの一員。10年前に起きた脅迫事件の犯人。スコットランドヤードに保護されていたが殺害された。

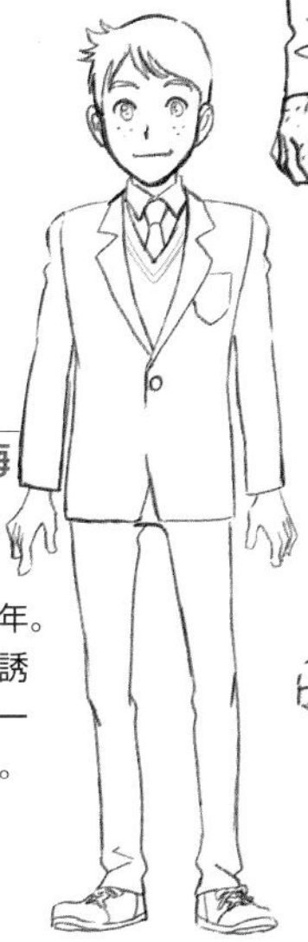

第8話
ケニー
CV:内藤有海

リリーのクラスメイトで、彼女に淡い想いを寄せる少年。美術館の見学中に誘拐されかけたリリーを助けようとする。

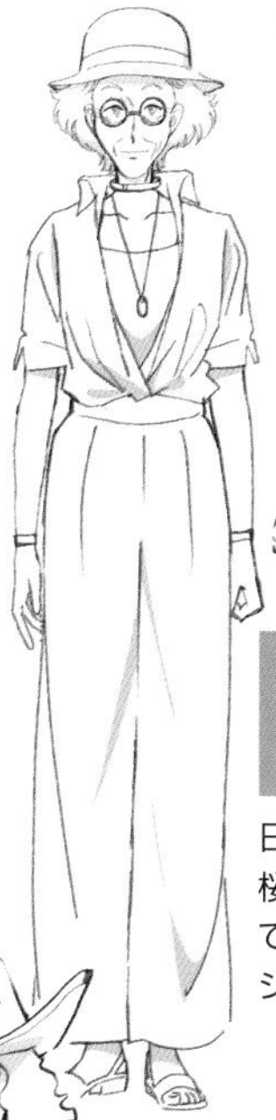

第9話
老婦人
CV:伊沢磨紀

日本からブラジルへ渡った桜の妹。姉からの贈りものである「こけし」をオークションで競り落とした。

第9話
さくら
CV:本名陽子

老婦人のひ孫。足を骨折して車いすを利用している老婦人を、献身的に介助する心優しい女性。

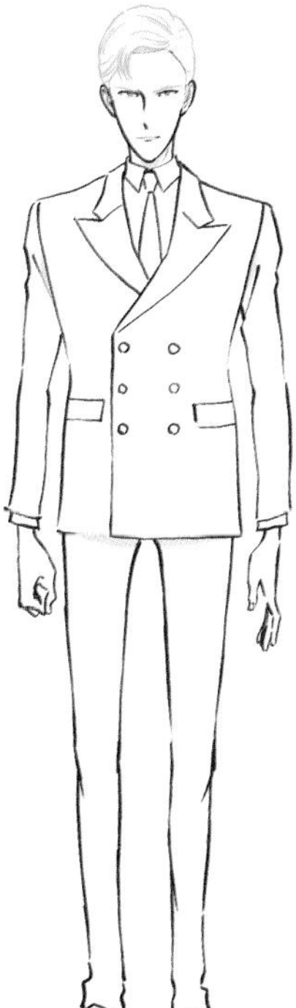

第10話
ミハイル
CV:上田燿司

本名は不明。自身が仕える主人の望みで、博物館に収蔵されている始祖鳥化石を盗み出すよう、不二子に依頼する。

第9話
桜

ジークの愛人で、老婦人の姉。ジークが処刑された事を嘆き、こけしを妹に託すと、そのあとを追った。

第9話
ジーク

100年前、大西洋を荒らしていた海賊王。宝石を運ぶ船を襲い巨万の富を得たが、仲間に裏切られ処刑される。

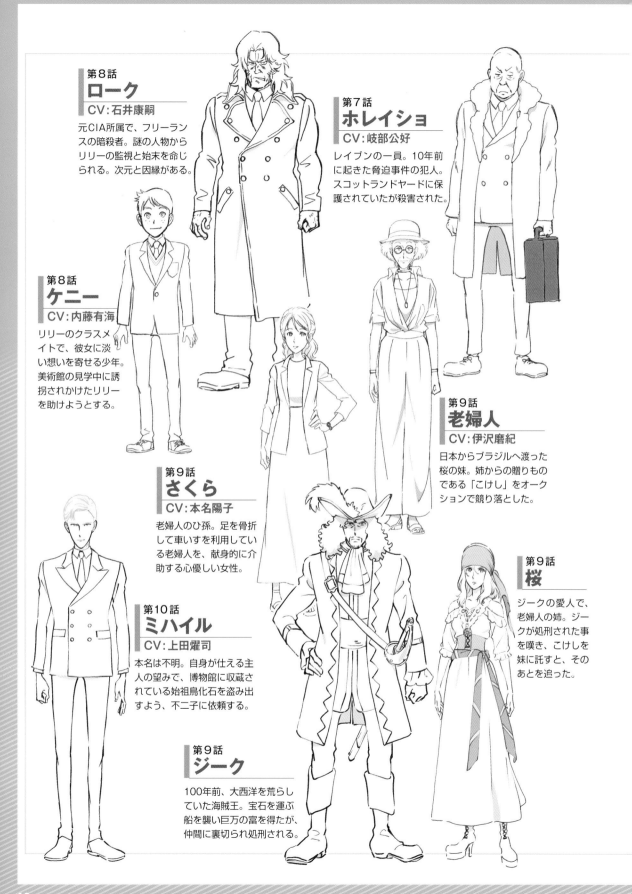

「つまらねえ時代はこっちから笑い飛ばしてやるよ」

第0話 EPISODE 0 —時代—

「相棒との人生を振り返っちまったよ」

⬆➡監獄に捕らえられたルパン、次元、五ェ門。技術が進化しロマン無き時代と嘆く次元は、一味から抜けると言い出す…。

「いつになくセンチメンタルじゃねぇか」

⬆ルパンは次元をなだめ、脱獄して打ち上げをしようと提案。

「心中察する」

⬆五ェ門は愛銃を取り上げられた次元に同情するも、二人の考えは合わないようで…。

⬅今の時代に対する考えの違いで口論する次元と五ェ門。ルパンが仲裁に入り三人は脱獄する。

STORY

「とうとう俺も潮時かもしれねぇな」——監獄の中で、次元大介は珍しく人生について考えていた。味気ないドローンによる追跡や、機能性だけを追求した玩具みたいな銃、現代の最先端技術にあぐらをかいた警官たち……。

ロマンの欠片もない、つまらない時代——そう嘆く次元は、泥棒稼業から足を洗い、ルパンたちと別れる決心をする。

出演

ルパン三世：栗田貫一
次元大介：小林清志
石川五ェ門：浪川大輔
峰不二子：沢城みゆき
銭形警部：山寺宏一 ほか

メインスタッフ

脚本：高橋悠也
絵コンテ：富沢信雄
演出：富沢信雄
作画監督：八崎健二、山村俊了

STORY

⬆ルパンの下に戻った次元はいつにもましてご機嫌な様子。

⬅次元と不二子は、ルパンの愚痴を珍しく二人で語り合う。

➡次元が本気で一味を抜けるなら止める気はないと言うルパン。

⬅ルパンの考えに憤る五ェ門だったが、ルパンには長年つき合ったからこその考えが…。

「この俺を見くびったようだな！　次元!!」

⬆バーで次元を捕まえずに泳がせてルパンのアジトを突き止めた銭形。ルパンに投降を呼びかける。

➡⬇追手の足止めを次元に頼み、敵から奪った銃を渡すルパン。だが、次元はプラスチック製の銃を撃つ気になれなかった…。

「こんな銃…
撃つ気にもなれねぇ」

「時代
ですかね…」

⬅脱獄後、一人バーで酒を飲む次元。いい酒のはずなのに、なぜか美味いと感じられない。

⬆次元を追ってきた銭形は、ルパンと行動する理由を問う。

「お前は
クラシックだよ」

⬅銭形から逃げるため次元は囮役を買って出る。ルパンはその姿に懐かしさを覚えるのだった。

「また
美味い酒を
飲もうぜ…次元」

⬆相棒コンバット・マグナムで警官隊を翻弄する次元。どんな時代でも、自らのスタイルを貫く。それが次元大介なのだ。

⬅緑のジャケットを羽織り次元との合流を待つルパン。これからも相棒と美味い酒を飲み交わすために…。

ルパンとホームズを取り巻くキャラクターたち

ロンドンを舞台に、「レイブンの財宝」を巡って繰り広げられるルパンとホームズの物語。二人の因縁や失われたリリーの記憶、さらにはアルベールやMI6の思惑が絡み合う極上のミステリーとなっている。

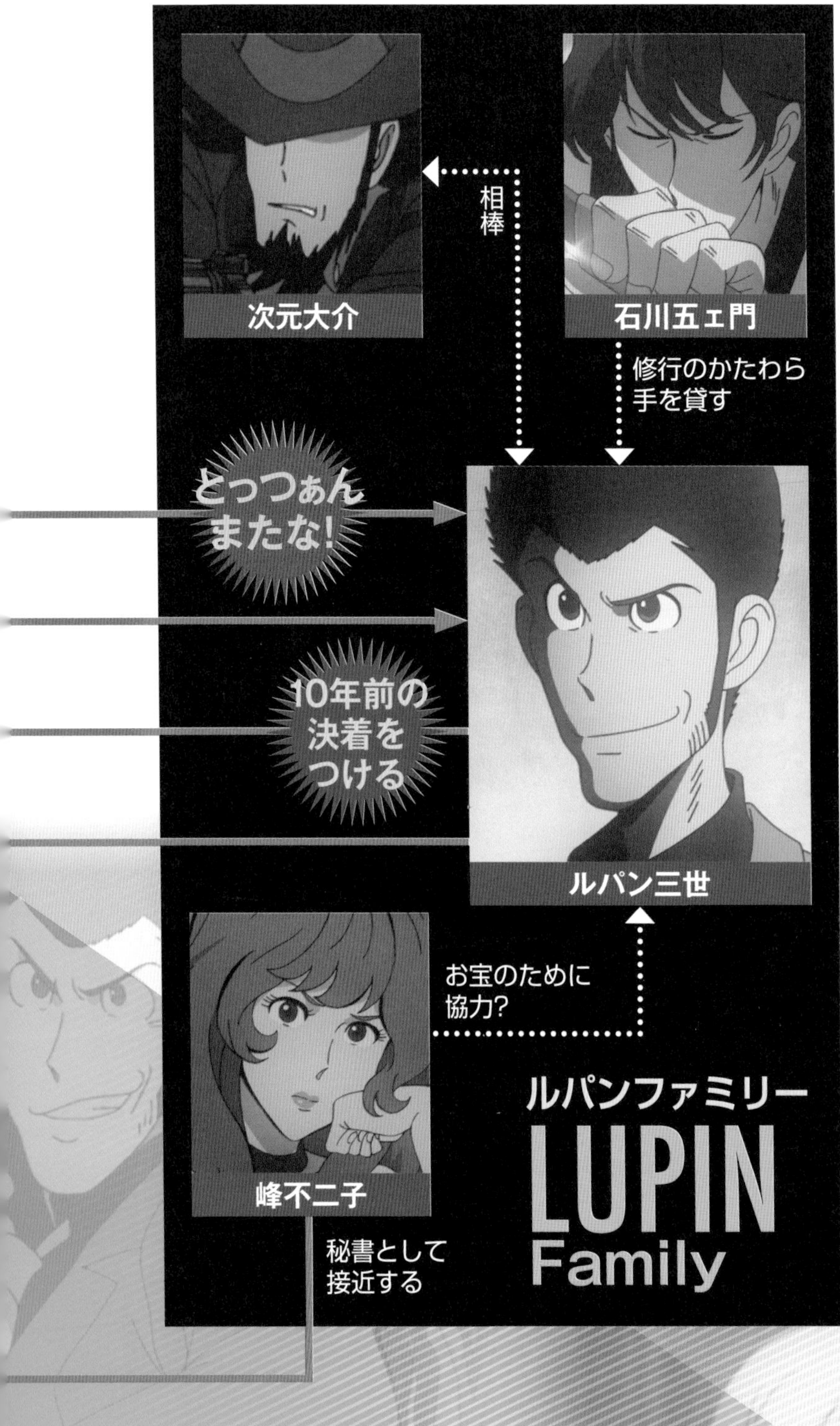

次元大介
石川五ェ門
相棒
修行のかたわら手を貸す
とっつぁんまたな!
10年前の決着をつける
ルパン三世
峰不二子
お宝のために協力?
秘書として接近する
ルパンファミリー
LUPIN Family

PART3 第1クール関係図

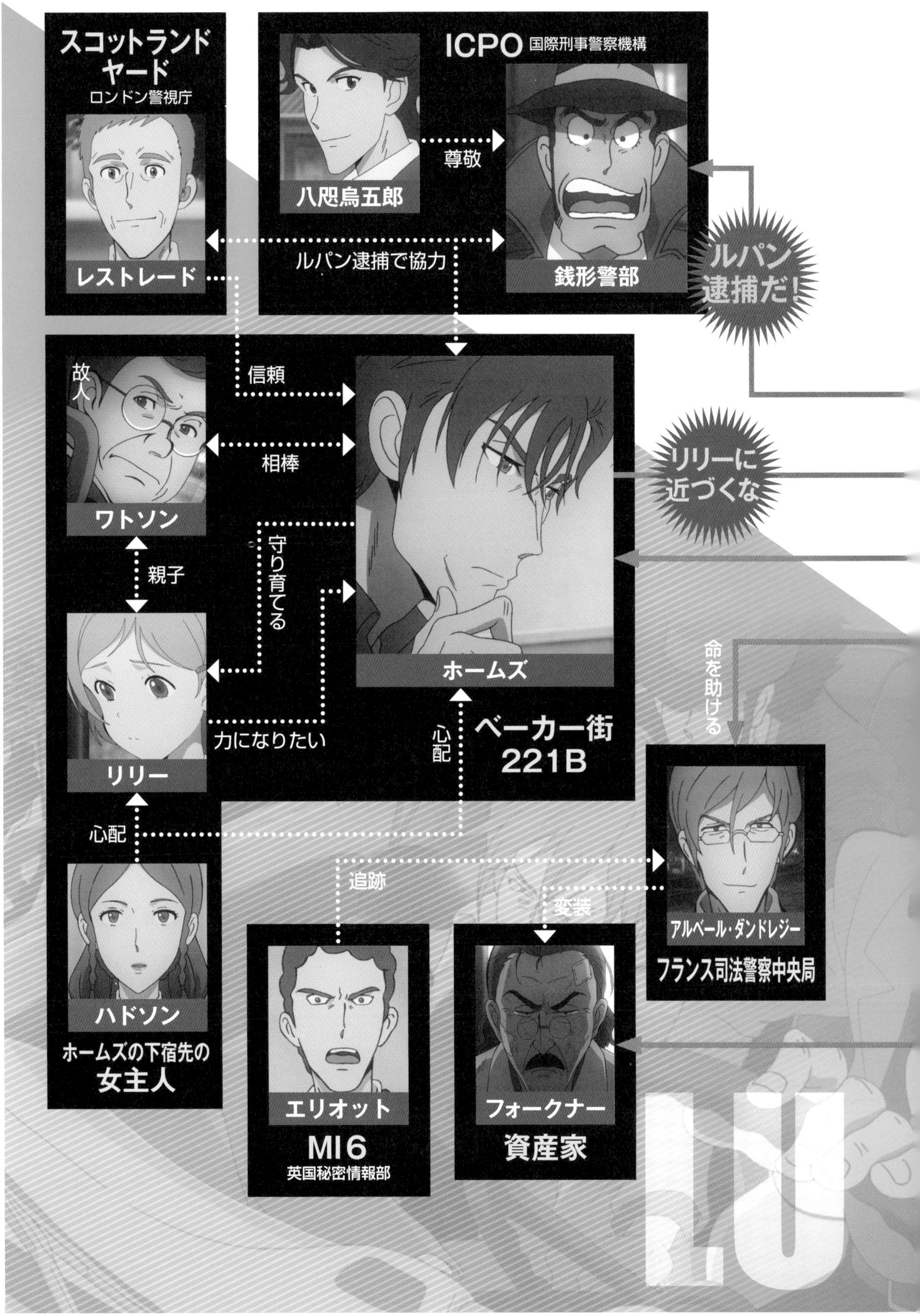

スコットランドヤード
ロンドン警視庁
レストレード
ICPO 国際刑事警察機構
八咫烏五郎
尊敬
銭形警部
ルパン逮捕で協力
ルパン逮捕だ！
信頼
故人
ワトソン
相棒
親子
守り育てる
リリー
力になりたい
ホームズ
リリーに近づくな
命を助ける
ベーカー街 221B
心配
心配
ハドソン
ホームズの下宿先の女主人
追跡
変装
アルベール・ダンドレジー
フランス司法警察中央局
エリオット
MI6
英国秘密情報部
フォークナー
資産家

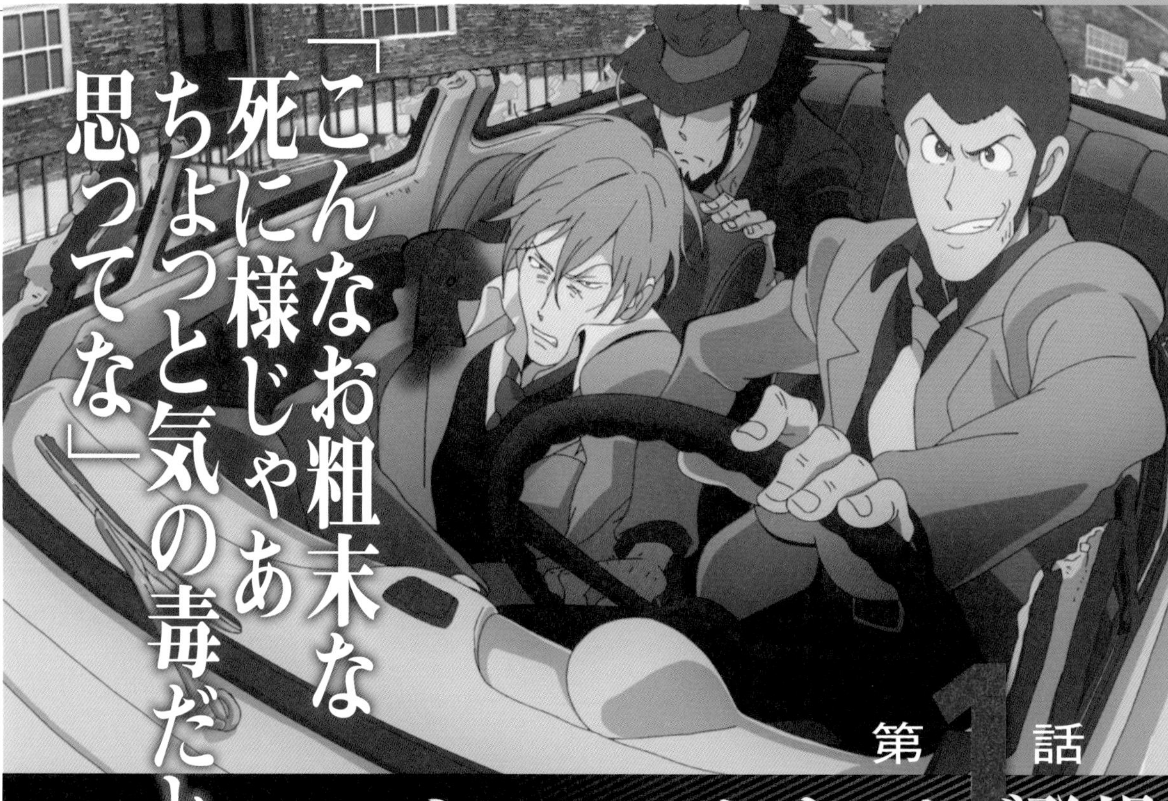

「こんなお粗末な死に様じゃあちょっと気の毒だと思ってな」

第1話 シャーロック・ホームズ登場

～Lupin Ⅲ vs Holmes～

➡静まり返った夜明け前のロンドン。次元、五ェ門、不二子は、職場へ向かうフォークナー卿の様子を離れて窺っていた。出動したフォークナー卿は、あるものを回収する。

⬅フォークナー卿が持ち去ったのは１枚の絵。厳重に飾られていた絵にはどんな秘密があるのか…。

「僕はひとつの結論にたどりついた」

⬅⬆絵を持ち出したフォークナー卿がアルベールと見抜いたシャーロック・ホームズ。些細な噂からアルベールの考えを推理し、動きを捉えてみせた。

STORY

英国・ロンドン。初老の男、フォークナー卿の仕事場に飾られた一枚の「絵」――それは、「レイブン」と呼ばれる組織の隠し財宝に繋がっていた。ルパンにとっては、十年も前から狙っている因縁の宝。スコットランドヤードやMI6の妨害をかわしながら絵を盗み去るが、逃走劇のドサクサで絵は半分に破れてしまう。そして事態は、ロンドンに眠る名探偵――シャーロック・ホームズを呼び覚ますこととなる。

キャスト

ルパン三世：栗田貫一
次元大介：大塚明夫
石川五ェ門：浪川大輔
峰不二子：沢城みゆき
銭形警部：山寺宏一 ほか

メインスタッフ

脚本：大倉崇裕
絵コンテ：菅沼栄治
演出：そえたかずひろ
作画監督：丸藤広貴

STORY

⬆アルベールを救い出したルパン。自身も追う、英国を影から操る組織「レイブン」のお宝についてアルベールは何を語る!?

「…ここまでか」

⬆国家機密が絡んでおり、MI6に追われるアルベール。追いつめられ自決を覚悟するが…。

⬆不二子はフォークナー卿の秘書に変装。スコットランドヤードが回収した絵を盗めるか…。

「レイブンのやり口は変わってねえようだな」

⬆不二子から事の顛末を聞いたルパン。「レイブン」と因縁が!?

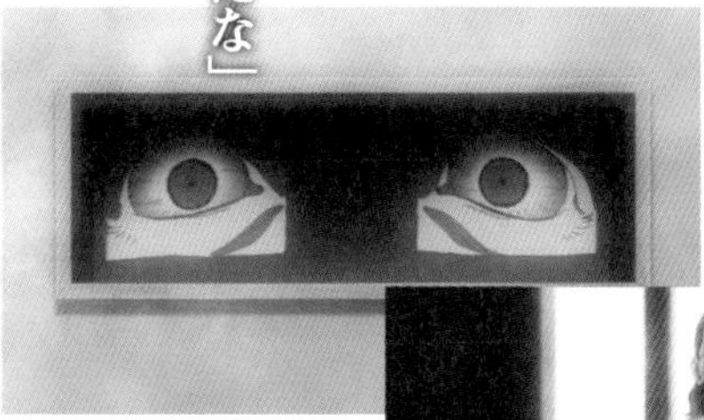
「失態だな」

➡ルパンの姿を目撃したホームズはリリーと別れ、あとを追う…。

⬆➡本物のフォークナー卿の前に現れた謎の人物。絵を盗まれた責任を問い、フォークナー卿に爆弾を仕掛けて処刑した。

⬆銭形は八咫烏と共にルパンを追跡。スコットランドヤードの民間人を巻き込む乱暴なやり方は気に入らないようだ。

「ルパン…三世…!」

「リリー…大きくなったなぁ…」

⬆⬅爆炎の中から現れたルパンの顔を見て叫び出すリリー。ホームズとルパンの過去にも関わりが!?

⬅ルパンはリリーの姿を見た瞬間、幼い頃から知っているような口ぶりで語りかける。

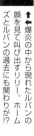

「俺は悪党だ 嘘だって 平気で言うし 人だって殺すぜ」

第2話 探偵と悪党
～Lupin Ⅲ vs Holmes～

STORY

ルパンの姿を見て、気絶してしまうリリー。ホームズは怒りをあらわにし、ルパンを見つけ出すと語気を荒げる。一方アジトに集ったルパンたちは、手に入れた絵の分析中。レイブンは、第二次世界大戦後、英国政府を陰から操ってきたとされる秘密組織――メンバー等はすべて謎に包まれ、その実態は雲を掴むよう。レイブンの謎は、ルパンとホームズの因縁にも関係している様子で……？

⬆銭形と八咫烏はルパンを追うがパトカーのタイヤをパンクさせられ川に落ちてしまう。

⬆ホームズはレストレードに気を失ったリリーを預け、ルパンのあとを追いかけようとする。

「俺とした事が 奴の出現を 予測できなかった なんて」

「リリーを 一人にしておく つもりか」

⬆⬅レストレードの言葉で冷静になったホームズは、リリーを連れてベーカー街へもどる…。

メインスタッフ

脚本：大倉崇裕
絵コンテ：矢野博之
演出：齊藤啓也
作画監督：湯本佳典 ほか

「その事件で
ホームズは大切な
相棒を失った…」

➡レイブンについて次元たちに語るルパン。ホームズが一線を退く原因となった事件も知っているようだ。

➡リリーはルパンとどこかで会った事があると言うのだが…。

⬆銭形はルパン逮捕のためにレストレードと手を組む。

STORY

「やっかいな事に
なったぞぉ」

⬅⬇ルパンはロンドンから一時撤退を提案するが、次元たちは納得しない。そこにルパンのアジトを突き止めたホームズが現れ、ルパン一味との戦いに発展する。

「十年前の決着を
つける時が
きたようだな…」

➡ホームズと決着をつけようとするルパン。その思惑とは…。

「ああ…
だがそれは
今じゃない」

⬆ホームズは銭形たちにルパンの逮捕を任せてその場を去る。

⬅五ェ門の斬撃を難なくかわすホームズ。「バリツ」と呼ばれる武術を習得しており、一瞬の隙に五ェ門を投げ飛ばした。

➡ホームズを追う次元と不二子だったが、見事にかわされてしまう。紳士なホームズの言動に不二子も思わずウットリ!?

➡颯爽とロンドンから逃げるルパンに銭形もあっけにとられた。

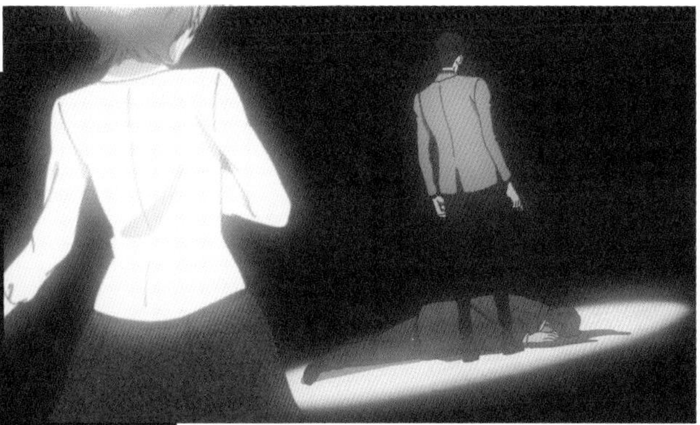

⬆⬅父の最期の夢を見るリリー。倒れた父の傍に立つ人物は、街で見たバイクに乗る男だった…。ワトソンを殺したのはルパンなのか!?

「わざわざカギを盗ませたのは何のため?」

第3話
大陸横断鉄道(嘘)の冒険

⬅自慢の列車を整備しながら南アフド共和国のアラクネ首相の到着を待つマーキス侯爵。

➡マーキス侯爵の執事・モートン。ロッキー山脈に雪を降らせる作業をしながら怪しく微笑む。

「奴がどんなお宝に目をつけるか勘が働くのですよ」

⬆銭形は長年の経験からルパンがマーキス侯爵の持つ貴重な切符を狙っていると予測する。

⬆銭形との会話を楽しむニューヨーク市警クイーン警視。

STORY

マーキス侯爵は鉄道マニア。ご自慢の品は、リバプール＆マンチェスター鉄道が催した、伝説的な試乗会の切符。そしてもう一つの自慢は——広大な庭に築き上げた、こだわりの庭園鉄道！　ルパン一味は切符を狙って、その庭園で開かれるパーティーに潜り込む。美女に目がない二人の少年・リーとダネイも、不二子を追ってパーティーへ……。線路をドタバタ駆け巡る、インチキだらけの冒険譚！

メインスタッフ

脚本：辻　真先
絵コンテ：辻　初樹
演出：臼井貴彦
作画監督：篠原健二 ほか

➡クイーン警視の甥であるリーとダネイ。不二子を見かけて声をかけようとするが…。

⬅抜群のプロポーションで見る者を魅了する不二子。彼女が向かう先は…!?

STORY

「ご自慢の列車はどのあたりを走っていますかねぇ」

⬆アラクネ首相に変装したルパン。不二子と共にお宝のカギを狙う。

➡連れ去られる不二子を目撃した少女がリーとダネイに知らせる。

⬅列車はモートンが作った雪玉によって停車させられていた。

⬆5kmも続く庭園鉄道は片道30分、ミシシッピ川を始めアメリカ大陸の名所を再現。

「みなさんこのお宝を狙ってたの?」

➡マーキス侯爵秘蔵の切符を盗み出した不二子。だがモートンの手下に捕まってしまう。

「まかせておけって」

➡列車による不二子処刑は次元の精密な射撃によって阻止された。

➡マーキス侯爵を手にかけ、私欲にまみれたモートンは銭形たちが確保。

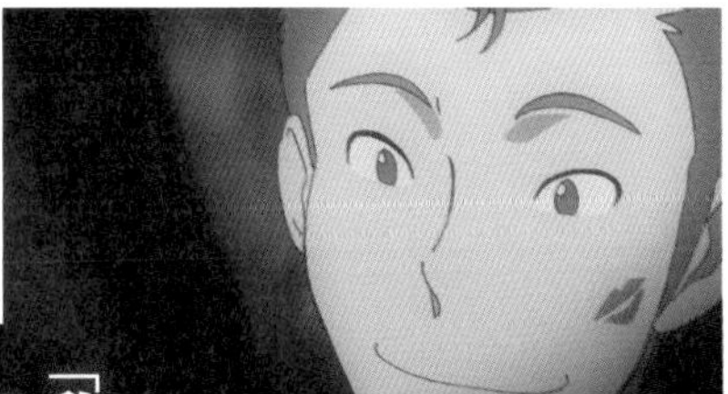

⬅⬇ルパン一味が狙っていた切符はリーとダネイの手に。ふたりの頬にはキスマーク。

「私のお宝をさらったバチね」

⬅リーとダネイは当分顔が洗えないと茶化すルパン。不二子もからかうように微笑む。

「名作を再現したってわけね」

第4話 ダイナーの殺し屋たち

⬆➡ダイナー入り口の階段下で寝ていた野良犬が何かに気づき顔を上げる。店にやってきたのは黒スーツの男二人。

STORY

ある日の夕方。寂れたダイナーのドアを開けて、二人の男が入ってきた。カウンターに座る彼らに、「何にします？」と問うウェイトレス。二人の男はメニューを眺め、しけた料理を注文する。――ダイナーには、先客が六人。全員男で、皆、殺し屋。ウェイトレスに絡みながら料理をむさぼる二人の男に、ただならぬ視線を向けていた……。

「俺たちを入れて八人か」

⬅ダイナーには怪しげな雰囲気の男が六人おり、入店してきた二人組の男の様子を窺う。

メインスタッフ

脚本：押井　守
絵コンテ：長沼範裕
演出：そえたかずひろ
作画監督：敷島博英

STORY

➡六人の男たちから視線を向けれらる二人組。気にせずカウンターに進んで腰を掛ける。

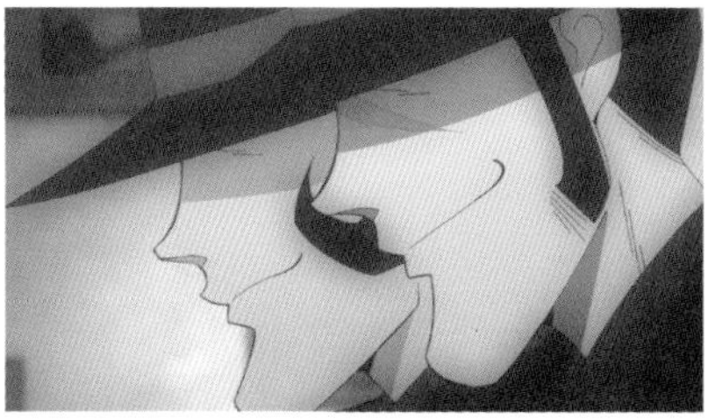

「サンドイッチなら何でもできます」

⬅二人組の注文を取り、料理を出すウェイトレス。店に来た目的を問うが…。

「これから何がおっぱじまるんだと思う?」

➡ある男の命を狙う男たち。激しい銃撃戦が始まる。

➡二人組の正体はルパンと次元。ウェイトレスは不二子だった。

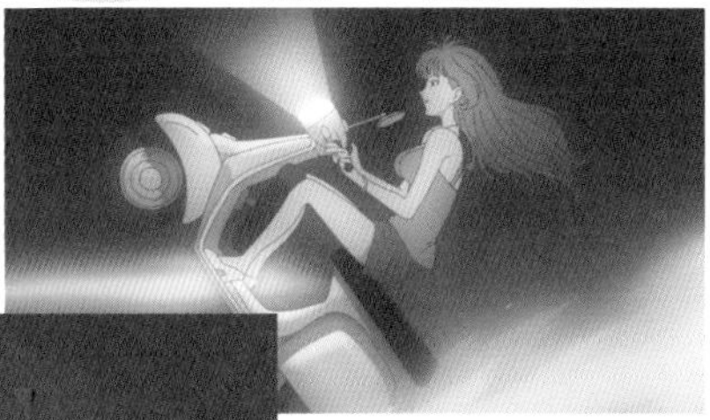

「今さら何をしたって無駄さ」

⬅標的だったアンドレ・アンダースン。全てを諦めたようにベッドに横たわるだけ…。

「だって…私もあなたを待っていた一人なんだもの」

⬆不二子はアンドレに接触し、モーゼルの銃口を向ける。

Ernest
Hemingway
The Killers
and Other Short Stories

⬆価値も知らぬまま、アンドレがCIA時代に回収してくすねたコードブック。

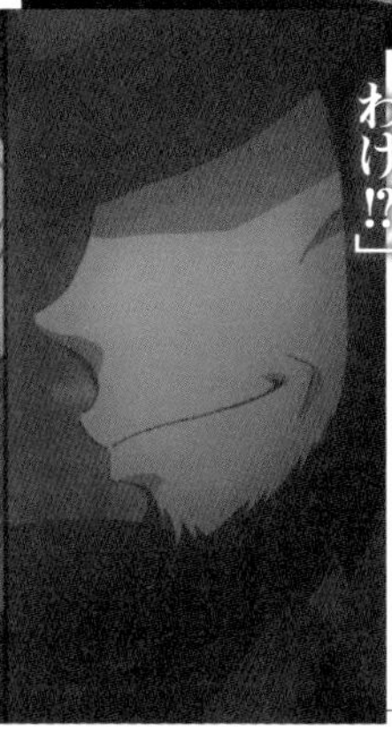

「私の料理がそんなに気に入らなかったわけ!?」

⬆⬅料理にケチをつけられ銃を構える不二子。ルパンと次元も銃を抜き、不敵に笑い合う。

「あとは怪盗の出番だな」

第5話 帝都は泥棒の夢を見る 前篇

⬅気がつくと不思議な空間を漂っていたルパン。謎の装置が動いているのを確認する。

「一体これはどうなってんだ!?」

➡空間が消失し、ルパンは仮面をつけた姿でかつての帝都東京に現れた。

「見つけたぞ黄金仮面!」

⬆ルパンを「黄金仮面」と呼び追いかける銭形そっくりの波越警部。

⬆波越と協力して「黄金仮面」を追うのは、私立探偵・明智小五郎。

STORY

「一体これはどうなってんだ!?」なぜかルパンが降り立ったのは、昭和初期の帝都東京。そこでルパンは、銭形そっくりの警部・波越に追い回される。ルパンを救ったのは、これまた不二子そっくりの女盗賊・黒蜥蜴。彼らは皆一様に、ルパンのことを「黄金仮面」と呼ぶのだった……。幻のような異世界で、ルパンは果たして何を盗む!?

メインスタッフ

脚本：芦辺　拓
絵コンテ：亀垣　一
演出：原田奈奈
作画監督：三浦厚也 ほか

STORY

「手ぬるいな」

➡大元帝国時代のお宝を手に入れるため、黒蜥蜴とルパンを利用しようとする大道寺大佐。

⬆警察に追われるルパンを助けたのは、不二子にそっくりな女賊・黒蜥蜴。

「ここじゃあ
お前も次元じゃ
ないのか」

⬆少佐の姿に驚くルパン。銃を見て次元ではないと気づく。

⬅大道寺の隣に控える次元そっくりの少佐。手には十四年式拳銃が握られていた。

⬆大元帝国の秘宝は、時を司るとされる精密なからくり時計。

「妙な事に
巻き込まれなきゃ
いいんだが…」

⬆⬅内蒙古で宝物を発見した重富瑠璃子。明智は彼女の記事が載った新聞を読みながらその身を案じる。

➡宝物である時計を守るために、大陸から日本へ来たサラントヤ。

「今の話のほうが
嘘!?」

⬅明智は偽の電報を用意して時計を狙う大道寺を引き下がらせた。

「一緒に行こうぜ」

⬅⬇時計公開初日の夜、デパートの中にサラントヤを迎えに行く瑠璃子はルパンと遭遇する。

「石川五ェ門 見参！」

⬅瑠璃子が雇っていた用心棒はなんと五ェ門！ ルパンに容赦なく斬りかかるが!?

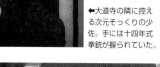

「おさらばする運命なんだよ」

第6話 帝都は泥棒の夢を見る 後篇

➡問答無用でルパンに斬りかかる五ェ門。その手に握られているのは斬鉄剣ではなく…。

STORY

五ェ門を名乗る用心棒に驚愕するルパン。その斬撃をかわしつつ、からくり時計の展示室へと急ぐ。が、現場では大道寺がサラントヤに銃を向け、時計の鍵を奪おうと迫っていた。警報が鳴り、押し寄せる警察。大道寺の策動により、さらなる危機に陥る瑠璃子とサラントヤ……。そして騒ぎを聞きつけた明智は、静かに推理を働かせる。――夢とうつつの大騒動、ここに決着。

⬆時計を見つめるサラントヤの前に大道寺が現れる。

⬆サラントヤが持つ時計の鍵を力づくで奪う大道寺。だが、ルパンたちの邪魔で目的は果たせず。

⬅警報を聞きつけた波越が現場に駆けつける。囲まれたルパンは窓から脱出するが…!?

メインスタッフ

脚本:芦辺　拓
絵コンテ:辻　初樹
演出:浅見隆司
作画監督:阿部智之 ほか

STORY

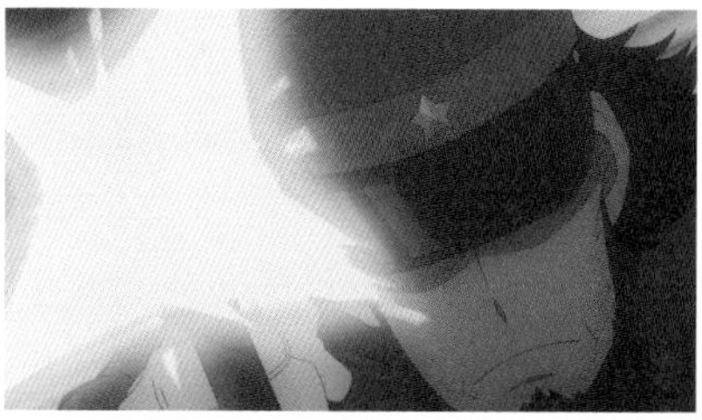

⬆五ェ門は少佐と接触し問答のあと激しい戦いに発展する。

「いっぺん言うてみたかったの」

⬆瑠璃子とサラントヤは五ェ門の助けでホテルに向かうが、車の運転手は大道寺の手先で!?

「いや聞くまでもなかった…」

➡少佐を追いつめるも負傷した五ェ門。何かに納得した様子。

⬅ルパンはさらわれた瑠璃子とサラントヤを救出。黒蜥蜴も手助けに現れるが謎の壁が降ってきて!?

➡ルパンたちは壁に囲まれ、閉じ込められてしまう。だが、ルパンには思い当たる節があり…。

⬆ルパンと五ェ門はある施設の罠にはまり、バーチャルマシンの中に囚われていた。

⬅大道寺を取り押さえるサラントヤ。その声は少年で…。

➡アルタンホト王国の王子の姿に戻ったサラントヤ。独立軍を率いて勇敢に戦う。

「あんたと俺は違うのだ」

➡少佐の正体は軍事探偵・本郷義昭。大道寺の動きを探っていた。

⬅事件後、瑠璃子はサラントヤと離れ、事業に取り組み一生を捧げる。彼女にとってこの出来事はかけがえのないもの…。

黄金仮面こと怪盗ルパン
昭和某年
暫時ここに滞在す

「それは思い出だよ少女時代の大冒険を唯一のよすがとして」
developed and manufactured with the support of
RURIKO SHIGETOMI

⬆⬅バーチャルマシンには瑠璃子の名が。ルパンたちの体験は全て偽りではなく、帝都東京には怪盗ルパンが存在していたのかも…?

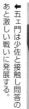

「全てはリリー次第さ」

第7話 語られざる事件
～Lupin Ⅲ vs Holmes～

STORY

あれから、ホームズの様子は変わった。復活したホームズは、ここ数年の未解決事件を片っ端から解決し、ロンドンの裏社会は震撼。リリーは、そんな鬼気迫るホームズの様子に、一抹の寂しさを覚えていた。――そんな中、ルパンの耳に、ある男の情報が飛び込んでくる。男を追って再びロンドンへ入ったルパン。そこには、ルパン逮捕に燃える銭形が待ち構えていた。

「ホームズを殺して名を上げようとしているのか」

➡情報屋を使ってホームズを探るアルベール。資料に目を通している最中、攻撃を受け…。

「いつもと役割が逆じゃねえか？」

⬅変装したルパンと次元はテムズ川を船で移動。ある男の背後関係を探るよう次元に頼む。

「捜査に出てばかりで会ってないんですけど…」

➡レストレードは、リリーにホームズの様子を聞く。様々な事件を捜査しているようで…。

⬅ウォーバトンの死亡事件の捜査で彼の友人であるクロスビーを訪ねたホームズ。見事な推理で真相を暴き、犯人がクロスビーだと突き止めた。

メインスタッフ

脚本：大倉崇裕
絵コンテ：許　平康
演出：許　平康
作画監督：湯本佳典 ほか

STORY

「ばかもーん！
ルパンを捕まえるのは
この俺だ！」

⬆息抜きがてら、パブに入る銭形と八咫烏。偶然居合わせたレストレードと大いに盛り上がる。

➡十年前、ルパンはレイブンを追う中でホレイショ殺人現場を目撃。

「リリー来るな！
来てはダメだ！」

⬅現場に駆けつけたワトソンは覆面の人物の凶弾に倒れた。

➡父を追ってきたリリーは悲惨な光景を見て気を失ってしまう…。

「こいつは普通の
銃じゃあないぜ」

⬆➡ルパンと銭形は銃声のしない空気銃を使う凄腕の殺し屋・モランと遭遇。銭形は十年前の事件ついてルパンに問う。

「リリーには
二度と近づくな」

⬆➡リリーを案じ、ルパンを見逃すホームズ。ワトソン殺しがルパンでない事は現場の状況から確信していたよう。

⬅ルパンと銭形に追いつめられたモラン。「教授」の存在とは…。

➡銭形に変装していたホームズ。リリーと向き合う覚悟を決める。

⬅ホームズとリリーは久しぶりに揃って朝食を食べ、穏やかな時間を過ごす。

「あん時の小僧
どうしてるかな…」

⬅ルパンからモランとの一件を聞いた次元は、三年前の出来事を思い出すのだった。

「頼んだぜ相棒」

第8話 ラスト・ブレット

⬅雨が降る深夜の港に鳴り響く銃声。次元は一人の男と激しい一騎打ちをしていた。

「積年の決着
今こそつけてやる」

➡次元と撃ち合う男はブラッド・ローク。元CIAの暗殺者で何やら次元と因縁がある様子。

「こいつは
古い相棒なんだ」

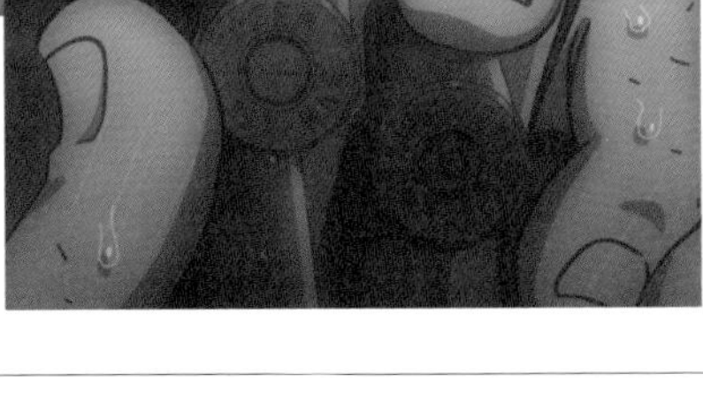

⬆➡次元のコンバットマグナムはマグナム弾の多用で損傷。パワーの劣る38スペシャル弾を装填する。

STORY

時は遡り、三年前。スコットランドの寄宿学校に通う少年・ケニーは、クラスメイトのリリーに対して、仄かな恋心を抱いていた。だがある日、美術館での課外学習の最中、リリーが何者かに連れ去られそうになる事件が発生する。そこでケニーは、リリーを陰から守る不思議な男と出会うのだった。――リリーの身を案じたホームズは、彼女を学校から引き取る決意をする。

メインスタッフ

脚本：樋口明雄
絵コンテ：鍋島　修
演出：清水　明
作画監督：小林ゆかり ほか

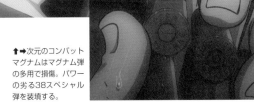

STORY

「私に代わって
リリーをロンドンまで
連れ帰って
くれないだろうか」

⬆寄宿学校からの手紙を読んだホームズは、リリーを呼び戻すためレストレードに相談する。

➡スコットランドの寄宿学校に通うケニーはリリーに夢中!?

⬅学校行事の美術鑑賞で美術館を訪れた際、リリーが誘拐される。

➡姿を消したリリーを探すケニーは、誘拐犯を発見するも救えず…。

「少女誘拐とは
ほっとけないなぁ」

⬆誘拐犯の前に現れたルパンは、リリーを助けてその場を去った。

「俺を信じても
いいんだぜ」

➡リリーを迎えに来た人物は誘拐犯の一味!? ロークまで現れるが、次元が介入する。

⬅次元のガンマンという生き方が理解できないリリー。

➡次元との決着を望むロークはグレネードランチャーで襲撃。

⬆ロークが狙っていたリリーは、ケニーの変装だった…。

「この弾で
ケリを
つけてやる」
SPEER
357 MAG

⬅限界のコンバットマグナムに装填されたマグナム弾。銃身を吹き飛ばしてロークを倒した。

「ガンマンは生き方…
ちょっとだけわかった
気がするよ」

「ただいま
ホームズさん」

⬅ルパンの秘密の作戦によって、リリーは無事ホームズの下へ。

⬅次元から大切なものを学んだケニー。その目は力強く光る…。

「そろそろ行かなくちゃ」

第9話
漆黒のダイヤモンド

Dear LupinIII
Tonight,I will guide to th
Jet-Black Diamond.
From the Cherry

「親愛なるルパン三世様
今宵、あなたを
漆黒のダイヤモンドへと
ご案内いたします」

⬆ルパンに届いた闇オークションの招待状。会場には大勢の仮面をつけた人々の姿が…。

➡老人の姿で会場に入ったルパン。招待客の中には変装した不二子の姿もあり…。

⬆老婦人とつき添いの美女を気にするルパン。オークションの目玉は海賊王ジークの財宝!?

⬅これまで誰も見つけられなかったジークのお宝を、凄腕トレジャーハンター・チェリーが発見した。

STORY

ロンドンの地下で開かれた闇オークション。出品されたのは、百年前に大西洋で大暴れし、ブラジルの監獄で処刑された「海賊王ジーク」の秘宝。だがルパンの狙いは、その中にぽつんと紛れた、古びたこけしにあった。会場に乱入する警察。ルパンはそのドサクサで、こけしの中に秘められていた地図を入手する。それは、未発見のジークの宝、「漆黒のダイヤモンド」の在処を示すもので……。

メインスタッフ

脚本：湊かなえ
絵コンテ：千明孝一
演出：神崎ユウジ
作画監督：Song Hyeonju ほか

➡会場に突入してきた銭形。ルパンの居場所が匂いでわかるらしい。

「お宝はまだあるんじゃないかね」

⬆最後に登場したお宝はこけし。老婦人にとってはこれこそお目当てのお宝。

STORY

⬅銭形の登場に驚く様子もなく颯爽と逃げるルパン。去り際、自分が持っていたこけしを老婦人に譲る。

「禁断の恋をしたからさ」

⬆老婦人の目的もジークのお宝。しかも、そのありかを知っている?

➡かつてルパンたちが入手したこけしの中には宝の地図が…。

「漆黒のダイヤモンドは私がいただくわ」

⬅ルパンは、逃走の際に老婦人のこけしの中からもう一つの地図も入手していた。だが、不二子に奪われてしまい…。

➡次元もブラジルへ向かい、ダイオウイカに乗った五ェ門と遭遇。不二子を出し抜こうとするが…。

「遅かったじゃない不二子ちゃん」

⬅お宝の場所で不二子たちを待っていたのはルパンのドローン。

➡老婦人こそチェリーその人。かつて姉の桜とジークが愛を誓うはずだった場所には、幻のカシューナッツの花が。

⬇「漆黒のダイヤモンド」とは日系移民たちが作ったコショウの呼び名と老婦人がひ孫のさくらに教える。

「何しに来たんだ俺たち」

⬅出番がなかった次元と五ェ門は月を見ながらぼやくのだった。

「まあいいわ幻の花を見られたから」

⬅不二子はお宝の正体に肩を落とすも、幻のカシューナッツの花で帳消しとする。

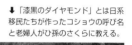

第10話 ダーウィンの鳥

「明けの明星……金星」

⬆閉館時間が迫る大英自然史博物館。ある展示物をじっと見つめている不二子の姿が…。

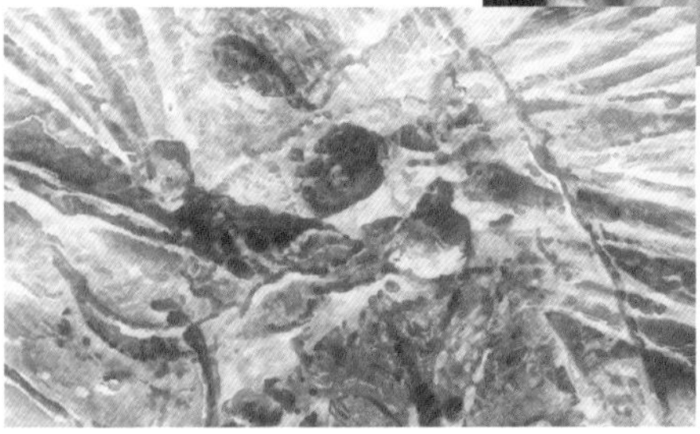

⬆不二子が見ていたのは始祖鳥化石。

⬆⬅博物館を出た不二子を1台のリムジンがドアを開けて待ち受ける。そこに座っていたのはどこか妖しい美貌の青年。不二子に始祖鳥の印象をたずねる理由とは…!?

STORY

「あの"鳥"が美しいのは、あれが真贋のあわいを飛ぶ鳥だからです」——依頼人は、不二子にそう語った。ターゲットは、大英自然史博物館に眠る「始祖鳥化石」。生物の進化の過程を克明に表すその化石には、真価を揺るがす「いわく」があった……。聞けば聞くほど依頼に漂う、なんともいえない空虚な香り。不二子に協力を請われたルパンも、その怪しさに眉をひそめる。

メインスタッフ

脚本：押井　守
絵コンテ：荒川真嗣
演出：そえたかずひろ
作画監督：高木信一郎

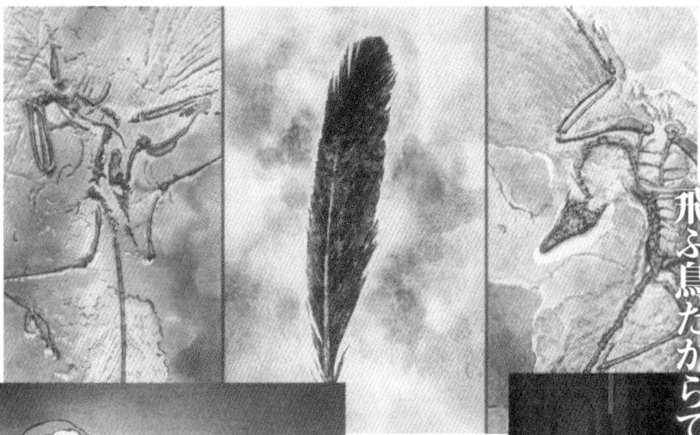

➡羽毛を含んだ始祖鳥の化石。話題は化石に魅せられた者たちの話へと移っていく。

「あの〝鳥〟が美しいのは
あれが真贋のあわいを
飛ぶ鳥だからです」

⬆⬅ロンドン郊外の屋敷でミハイルと名乗る青年。始祖鳥を至宝と称し、学名で呼ばず、化石が発掘された場所と歴史を語りだす。

⬅始祖鳥を含む化石で大金を得た、カール・ヘーベルライン。

STORY

⬆本物の始祖鳥化石を盗み出す事がミハイルの依頼。

「美しいから、
なんて動機は
一番タチが悪いのさ」

⬅⬇正体がわからぬミハイルと、その主人の依頼から降りる次元。ルパンと不二子で化石を盗み出す事に。

「俺は
泥棒だから」

「降りるなら
今しかないぞ」

➡ルパンでもミハイルの情報は掴めず。それでも作戦は実行へ。

⬆地下収蔵庫へ潜入した不二子。始祖鳥保管庫の場所へ向かうが…。

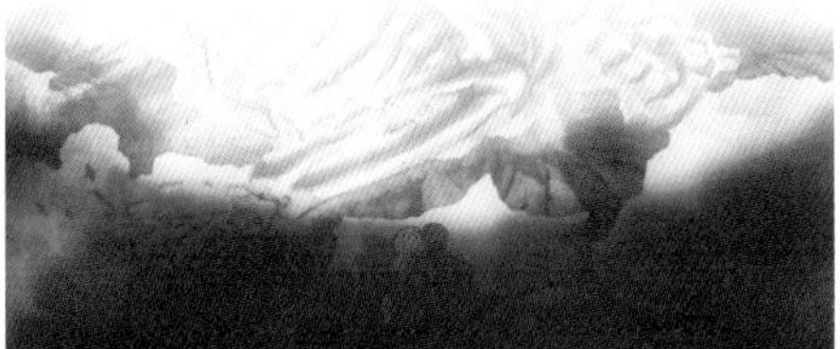

⬅依頼主が望んだ本物の化石の正体は天界から堕ちた者!?

「不信心な泥棒には…
神さまの依頼は
重すぎる」

⬆記憶がフラッシュバックした不二子は、ミハイルの依頼を断る。

⬅不二子の答えに一瞬驚くミハイル。そして、その表情はぞくりとする笑顔へと変わった。

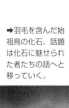

「さあて
面白くなって
きたぞ」

第11話
真実とワタリガラス
～Lupin Ⅲ vs Holmes～

「ようやく
前に進めそうだよ
ワトソン」

➡伏せていたワトソンの写真を立て、酒を捧げるホームズ。止まったままだった時間が動き出す。

⬅アレックス殺害事件が発生し、ホームズとリリーが捜査に加わる。

「ルパン一味が
また動き出した
ようだね」

⬆ベーカー街の人々の協力で、不二子がアレックスに接触していたことが判明。

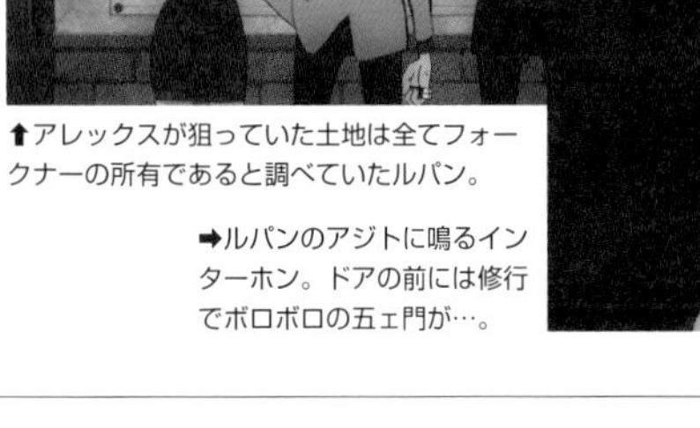

⬆アレックスが狙っていた土地は全てフォークナーの所有であると調べていたルパン。

「ただいま…」

➡ルパンのアジトに鳴るインターホン。ドアの前には修行でボロボロの五ェ門が…。

STORY

ロンドン市街で、あるデベロッパーが殺された。ホームズは、事件をレイブン絡みであると見て捜査。リリーも、ベイカー街のご近所さんを従えて、情報収集の手助けをする。一方、レイブンの財宝へと近づくために、ルパンもまた推理を展開。事件は、殺されたフォークナー卿へと繋がっていた。フォークナーが守っていた重大な秘密……「絵」が揃えば、それが解明出来るかもしれない。

メインスタッフ

脚本：大倉崇裕
絵コンテ：矢野博之
演出：熨斗谷充孝
作画監督：清水恵蔵 ほか

STORY

「ホームズ
しっかりしろ」

➡突然倒れたホームズ。病院へ向かう途中、ある場所で停車させる。

⬆ホームズも銭形やレストレードに事件がレイブン絡みと説明する。

⬆かつてワトソンが殺された場所の近くでリリーに異変が!?

「彼女の記憶を
刺激したくてね」

⬅どんな手を使ってでもワトソンを殺した犯人を見つけ出すと語るホームズ。

➡ルパンたちを追う銭形と八咫烏。カーチェイスの末、またしても逃げられる。

⬆ルパンの動きを知り、再びレイブンのお宝を狙うアルベール。

⬅銭形をまくも、絵の片割れを落としたルパン。絵に意味はないと言うが…。

「鍵となるのは
間違いなく
フォークナー
殺しだ」

⬅ワトソン殺しの犯人を突き止めるためフォークナービルへ向かう。

➡フォークナーの部屋にはルパンが。銭形とリリーも追ってきて…。

「不可能を消去して
最後に残ったものが
如何に奇妙な
事であっても
それが真実となる」

⬆真っ暗な部屋の謎を解き明かすべく陽光を差し込ませる二人。

⬅太陽の光は部屋に変化をもたらす。すると大爆発が…!

⬅異常事態に騒然とする市街。駆けつけたレストレードの前に現れたのは銭形だけ。

「リリーを守るのは
お前の役目だ…
ホームズ」

第12話
英国の亡霊
～Lupin Ⅲ vs Holmes～

STORY

爆発炎上するフォークナービル。それは殺されたフォークナーに、自身も把握していなかった「真の役割」があったことを意味する。そしてその事実は、レイブンという組織の構造が、あまりにも複雑であることを物語っていた……。白紙に戻ってしまった推理。しかしホームズは、前へ進むために頭脳を働かせる。ルパンもまた、果たすべき目的のため、真実へと歩みを進める――

「私がついている」

⬆爆発から無事脱出したホームズは、怯えるリリーに優しく笑いかける。

「ずいぶん派手にやっているじゃないか」

⬅ルパンに接触するアルベール。まだレイブンのお宝を諦めていない。

⬆本部への帰還命令を無視してルパンを追う銭形の前に、不二子が現れる…。

⬅アジトを片づけ、ルパンたちはレイブンのお宝の下へ向かう。果たして誰が手に入れるのか!?

メインスタッフ

脚本：大倉崇裕
絵コンテ：小島正幸
演出：齊藤啓也
作画監督：山中純子 ほか

STORY

⬆ホームズたちが向かった場所にはエリオットが。煙幕を使って逃走を図る。

「レイブンのお宝は
俺がいただくぜ」

➡エリオットを一連の事件の犯人として捕まえたルパン。お宝の正体がついに判明!?

「ルパン
見つけたぞ」

⬅不二子の手引きでルパンを追ってきた銭形。激しい銃撃戦になるが、ホームズの介入で退場する。

⬅ルパンとの勝負の末、倒れたホームズ。まさかの結末にレストレードとリリーが駆け寄り、声をかけるが…!?

「あなただったの？
パパが追いかけて
いったのは…」

➡⬇レストレードの顔を見て記憶が蘇るリリー。レイブンのお宝を巡る事件の真犯人はレストレードだった。

➡真相を暴くためルパンと一芝居打っていたホームズ。

「リリーに伝えてくれ…
すまなかったと」

⬅レイブンのお宝が不発弾と知ったレストレードは自ら命を絶つ…。

➡ワトソンとの約束を果たすために現れたルパン。その気概にホームズは潔く負けを認める。

「さあ出発だ
ワトソン」

⬆事件後、ホームズは表舞台に復帰。隣には新たな相棒が。

⬅「教授」の正体はルパンとは旧知のモリアーティ。

「ロンドンは
もうこりごりさ」

⬅シャーロック・ホームズの復活を見届け、ルパンたちはロンドンをあとにする…。

サブキャラクター紹介 第2クール

第2クールでは「女」をテーマに、ミステリアスなストーリーが展開。物語を華やかに彩る女性キャラに加え、各話に登場した主なゲストキャラを紹介。

マティア

CV:清水理沙

ニューヨークの花屋で働く女性。客として訪れた変装中のルパンにセンスを買われ、仲良くなる。その後、事件に巻き込まれ頭部を負傷し、入院を余儀なくされる。

アリアンナ

CV:森 なな子

ICPOに所属する若手捜査官で、銭形たちとともにルパンを追う。ボイスレコーダーを常備しており、事情聴取などの捜査にも活用。

トモエ

CV:深見梨加

ルパン一世から、ルパンの教育係として雇われた。ルパンの屋敷から秘宝を盗み出した、唯一の存在。逃走中に死亡したと思われていたが…?

メルセデス

CV:きそ ひろこ

強盗グループ「エルヴィラ」を率いるリーダー。ルパンを敵視しており、ルパンが狙っていたお宝を強奪した。グループの部下を自分と同じ姿に変装させている。

第15話
フェルナン
CV:平川大輔

伯爵位を持つフランス・マルセイユの名門貴族。交通事故を起こした際にミレーヌに救われた。花嫁に贈る特別な宝石をルパンに狙われる。

第13話
メイバンクス
CV:世古陽丸

伝説級の秘宝が出品された、オークションハウスの代表。ルパンからの予告状が届いたことで、ICPOに警備を依頼。

第15話
ジャッカル
CV:板倉光隆

大富豪の身内をさらって高額な身代金を要求する営利誘拐を得意とする悪党。名門・メーストル家に嫁ぐミレーヌを狙う。

第15話
ミレーヌ
CV:佐藤利奈

マルセイユの下町で働く町医者。フェルナンと結婚式を挙げる。地位や身分を気にせず献身的に治療を行い、医学生の頃、負傷した次元に遭遇して命を救った。

第15話
セド
CV:奈良 徹

ジャッカルの弟で、兄の犯罪に積極的に加担する残忍な男。愛用のナイフで人の命を奪う事に快楽を覚える危険人物。

第16話
ギャビー
CV:喜多村英梨

ファッションブランド『GJ』のカリスマデザイナー。独創的センスが世界中で支持されている。南極で修行中の五ェ門をスカウト。

第16話
ラガーフェルド
CV:てらそま まさき

ギャビーの相棒で、その才能を認めて支えている。彼女が五ェ門をモデルに起用した事には批判的。

第16話
バスケ&チア
CV:田島章寛&吉野貴大

五ェ門と共にショーのモデルに起用された男たち。ウォーキングの練習では、五ェ門となかなか呼吸が合わずに苦戦する。

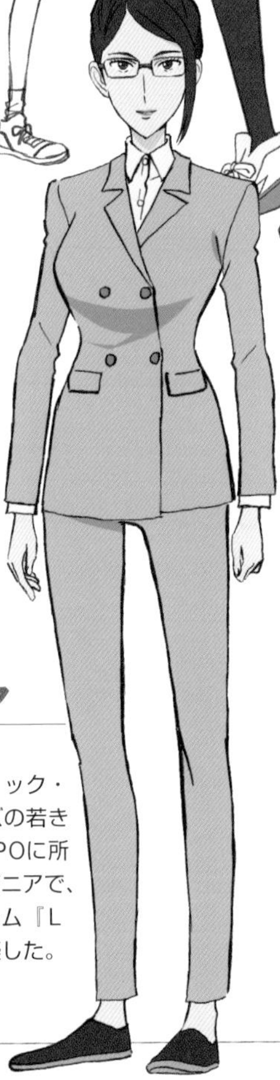

第17話
リンファ
CV:ゆかな

警備会社ワンティック・セキュリティーズの若きCEO。かつてICPOに所属していたエンジニアで、独自の警備システム『Lシステム』を構築した。

第18話
セリム
CV:さかき孝輔

コトルニカ共和国の議員で、ヘイゼルの同期。彼女の補佐的な立場でいる事に不満を感じている。

第18話
ヘイゼル
CV:甲斐田裕子

コトルニカ共和国の若手議員で国民を想う気持ちは本物。だが敵も多く、後ろ暗い事に手を染める事も。学生時代、トモエに教えを受ける。

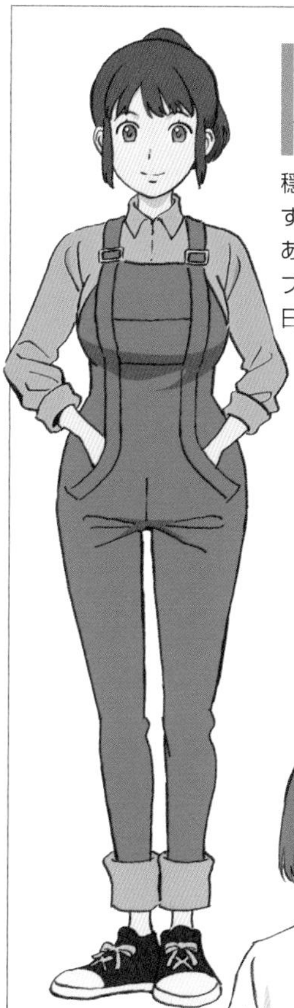

第21話
ムルー
CV：宇山玲加

穏やかな島・ミトンで暮らす夢見がちな娘。妄想癖があり、その妄想をスケッチブックに描く事で、退屈な日々を紛らわせている。

第20話
アメリア
CV：潘 めぐみ

過去に不二子と仕事をしていた女泥棒。愛嬌の良さで人の懐に入り込むのが得意。音信不通だったが、不二子と再び手を組む事に。

第20話
グレイソン
CV：遊佐浩二

一流IT企業の社長。プライドが高い独裁者タイプの経営者。不二子を我が物にしようと、執拗に狙っている。

第22話
ダニエル
CV：原 康義

フィンがホームステイで訪れた家の主人。15年前はマリエルを泊め、療養を手伝った。

第22話
アンナ
CV：寺内よりえ

ダニエルの妻。昔のまま時間が止まっており、フィンの事をマリエルだと思い込んでいる。

第22話
フィン
CV：茅野愛衣

ハイスクールに通っている15歳の少女。アクティブな性格で、亡き母・マリエルの足跡を辿るため、単身でレヴォンランドを訪れる。

第22話
マリエル
CV：折笠富美子

フィンの母親で、アメリカからレヴォンランドに渡る。16歳という若さでフィンを出産し、亡くなった。生前はトモエの教え子だった。

ルパンとトモエを取り巻く麗しきレディたち

ルパンの物語は、新たなステージに突入。徐々に明かされていくルパンと謎の女・トモエの過去。ストーリーで重要な役割を担《にな》う登場キャラクターたちの、ルパンを巡る関係性に注目しよう。

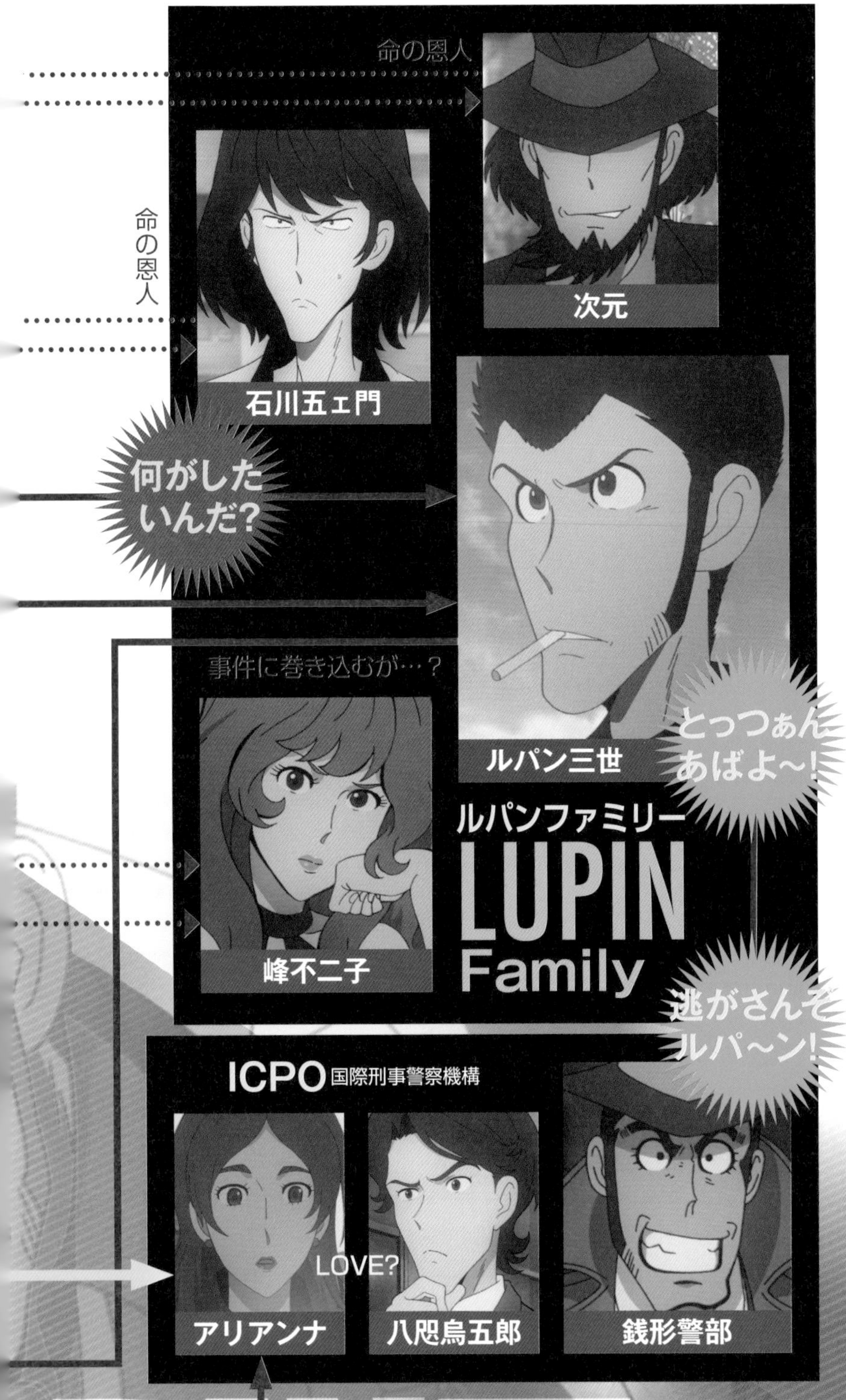
命の恩人
次元
命の恩人
石川五ェ門
何がしたいんだ?
ルパン三世
事件に巻き込むが…?
峰不二子
とっつぁんあばよ～!
ルパンファミリー
LUPIN Family
逃がさんぞルパ～ン!
ICPO 国際刑事警察機構
アリアンナ
LOVE?
八咫烏五郎
銭形警部
PART III

第2クール関係図

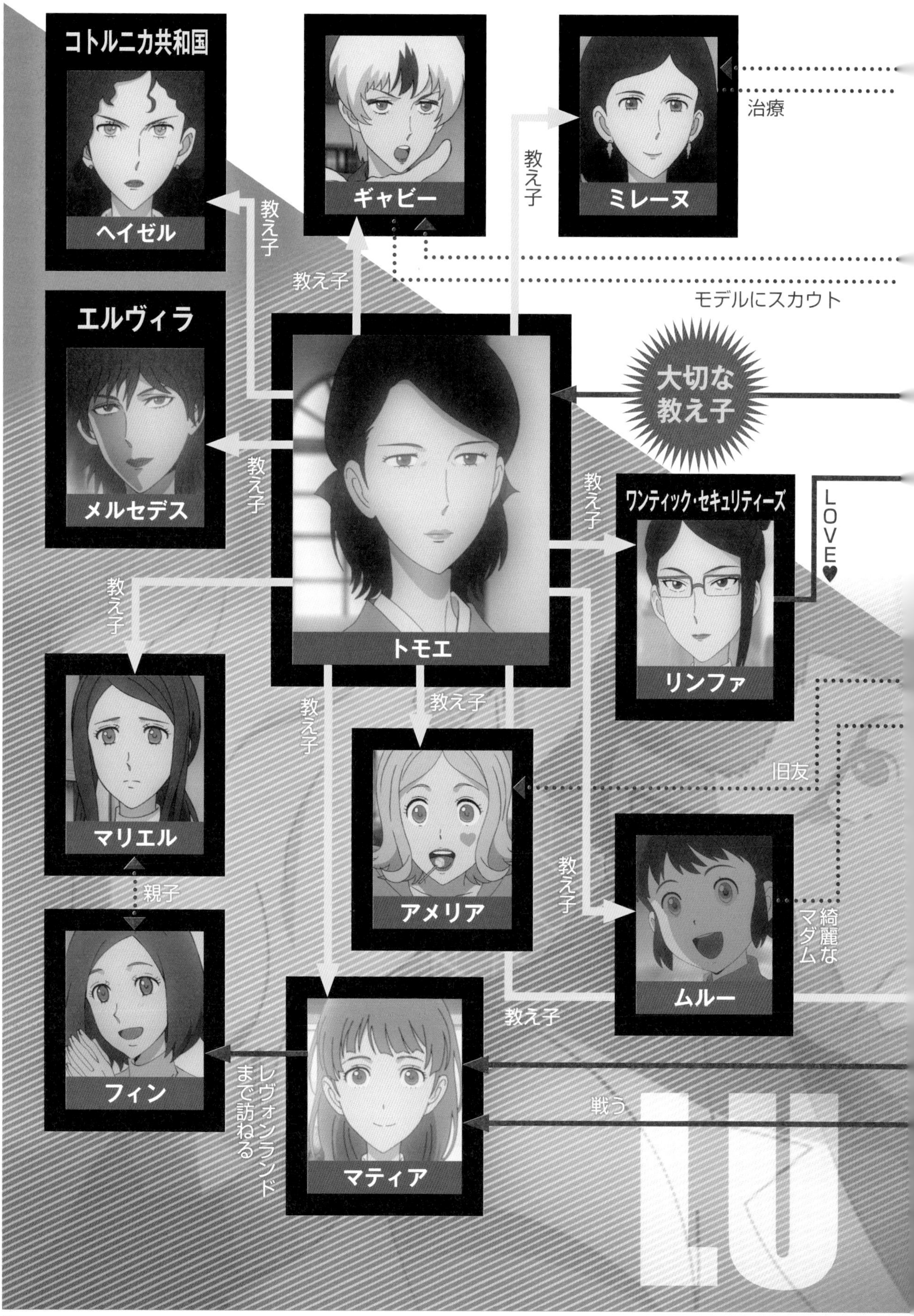

コトルニカ共和国
ヘイゼル
教え子
ギャビー
教え子
ミレーヌ
教え子
治療
モデルにスカウト
エルヴィラ
メルセデス
教え子
大切な教え子
トモエ
教え子
ワンティック・セキュリティーズ
リンファ
LOVE♥
教え子
マリエル
教え子
教え子
アメリア
旧友
親子
教え子
ムルー
綺麗なマダム
教え子
フィン
レヴォンランドまで訪ねる
マティア
戦う
LU

「お前　それが
どういうシロモノか
わかってるのか？」

第13話
過去からの招待状
～Witch and Gentleman～

STORY

ニューヨークに構えられたアジト。次元の手料理を食べながら退屈を憂うルパンのもとに、不二子があるオークションの話題を持ち掛ける。世界各地の秘宝が一度に出品されるという、異様な競売──当然、興味を持つルパンだったが、出品リストにあった宝石の記載を見て目つきが変わる。出自も謂れも『unknown』とされたその宝は、かつて幼少のルパンが住んでいた屋敷から盗み出されたものだった。

➡暇を持て余し、怠惰な様子のルパン。ホームズの活躍が記載された新聞を手に大あくび。

「お前がカードで
負け続けてる
だけだろうが」

⬆➡次元とくだらない取っ組み合いをしていると、そこへ不二子がオークションの開催情報を持ってやってくる。

「この私が
しゃきっとするもの
探し出してきてあげたわ」

⬅世界各地から都市伝説級のお宝が集まる謎のオークション。その出品リストには、かつてルパン一族の宝物庫から盗まれた宝石があった。

メインスタッフ

脚本：村越　繁
絵コンテ：矢野博之
演出：そえたかずひろ
作画監督：湯本佳典 ほか

「たった一人だけ
その宝物庫から
お宝を盗み出した
人間がいる」

⬆⬅ルパンが幼少期を過ごしていた家の宝物庫から宝石を盗み出したのはある女性だった。ルパンの遠い記憶が呼び覚まされる。

「癒やされんだろうが」

⬅オークション会場に潜入するため運び込まれる花に仕掛けを施す。

➡作戦のために通い詰めた花屋に勤めるマティアと徐々に懇意に。

「ルパン三世
アンタの時代は
終わったよ」

⬆⬅オークション会場に潜入するルパン一味。しかし突如、赤髪の女性盗賊団により会場のお宝が奪われてしまう。なんとか宝石を確保しようとするが…。

STORY

➡激しい銃撃戦に晒され、宝石を手放してしまうルパン。お宝は謎の女盗賊の手に渡る。

「俺の母親だ」

⬅現場には花屋のマティアも居合わせ、騒動に巻き込まれて負傷してしまう…。

⬅女盗賊が口にした「トモエ」という名前。かつて宝物庫から宝石を盗み出した人物で、ルパンの母親…!?

「お宝の価値を見誤るようなら泥棒失格だぜ」

第14話 蜃気楼の女たち ～Witch and Gentleman～

「すまなかった
巻き込んじまって」

⬅負傷したマティアの見舞いに訪れ、正体を明かして謝罪するルパン。

⬆ルパンに対し「変わらぬ愛」という意味深な言葉を口にするマティア。

「つかんだわよ
ルパン」

⬅事件で逮捕された盗賊団の一員から、赤髪の女性たちの素性が明らかに。

➡オークション会場を襲ったのは、メルセデスが率いる新進気鋭の盗賊団エルヴィラ。彼女たちの次の標的はメキシコの銀行だという。

STORY

女の名は、メルセデス。強盗グループ『エルヴィラ』を率い、各地を騒がせている女盗賊だ。入院したマティアの無事を確認したルパンは、メルセデスを追ってメキシコへと足を運ぶ。その道中、一味に語られるルパンの過去——メルセデスが口にした「トモエ」という女のこと。そして彼女にまつわる、不可解な「謎」のこと……。ルパンは真実を探るため、メルセデスとの勝負に向かう。

メインスタッフ

脚本：村越　繁
絵コンテ：辻　初樹
演出：杉本研太郎
作画監督：山中純子 ほか

⬇トモエから叩き込まれた泥棒のノウハウ。メルセデスもトモエの教え子だと自称していたが…？

「塩だよ
油断したろ」

⬆トモエはルパンの幼少期の教育係として、屋敷で共に暮らしていた。

「ま…無理に
聞きやしねぇよ」

⬆メルセデスを追いルパンたちもメキシコへ。トモエという女性についてルパンは二人に語る。

STORY

➡装甲車まで持ち出したメルセデス。あたりは激しい銃撃戦に見舞われ、銀行襲撃は成功。

「必ず来る」
ICPO

⬆メルセデスの襲撃にはルパンも必ず顔を出すはずだと予測した銭形。銀行周辺に厳重な警戒態勢を施す。

⬆撤退するメルセデスの車に、次元は発信器を取り付けていた。

⬆メルセデスのアジトに乗り込み、大勢の部下に囲まれるが五ェ門が一掃する。

「ホントにルパンに
勝てると思った？」

➡二重三重の罠でルパンに対抗するメルセデス。そんなルパンの奥の手は不二子だった。

⬅⬇メルセデスとトモエの関係を聞き出すルパン。金庫には、トモエ生存の情報が…。

「あの日の真実を
知るためにな」

「こいつはお前が
気軽に手にして
いいもんじゃ
なかった」

⬅メルセデスは銭形が逮捕。トモエが生きていると知ったルパンは彼女の行方を追う事に。

「覚えてるのは あの日の雨の音と 鈴蘭の香り」

第15話 祝福の鐘に響けよ、銃声

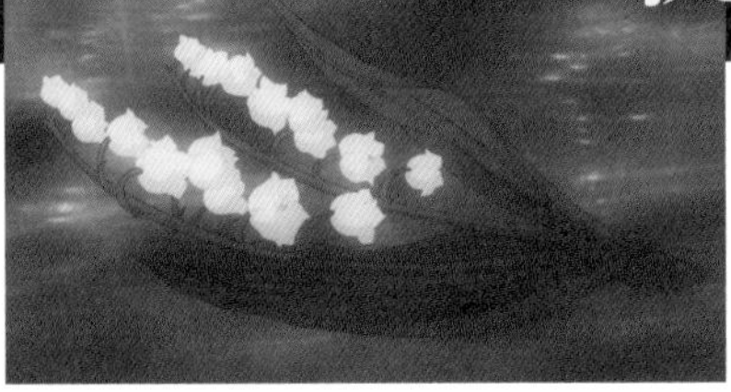

⬆誰かへ手紙を残そうとしていた次元。傍らには鈴蘭の花が。

➡TVではメーストル家伯爵の結婚式が執り行われるという幸せ溢れるニュースが流れていた。

⬆ニュース映像に映し出される女性を見る次元。何やらワケありらしく、ルパンに対しても歯切れの悪い態度を取る。

⬅結婚式の当日に花嫁に贈られる宝石「マルセイユの涙」が、次なる標的だと次元に語るルパン。

STORY

フランスの名門貴族・フェルナン伯爵の結婚。ルパンは、結婚式で花嫁に贈られるという伝統の宝石「マルセイユの涙」に狙いをつける。しかし花嫁の姿を見た次元には、いつもと違う表情が浮かんでいた。伯爵の結婚相手は、貴族の出身ではない一介の町医者・ミレーヌ。聖女のような優しさを持った彼女は、次元にとっても忘れられない存在で……。

メインスタッフ

エピソードディレクター：千明孝一
脚本：金田一明
絵コンテ：千明孝一
演出：浅見隆司
作画監督：阿部智之 ほか

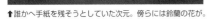

⬆会場にはジャッカルという営利誘拐のプロも紛れており…。

⬇結婚発表のパーティー会場で、次元はミレーヌの姿を懐かしそうに見つめる。

「変わらないな
あの頃と」

⬆伯爵の結婚相手の女性はミレーヌ。彼女は恵まれない人々のために尽くす町医者だった。

「あなたの目が
生きたいって
言ってるように
私には見えたの」

⬆次元の傷が癒えるまで看病するミレーヌ。やがて二人は心を通わせていく。

「死ぬ時はコイツと
二人きりがいい…」

⬅次元はかつて、瀕死の状態だったところをミレーヌに救われた過去があった。

➡結婚式当日となり、花嫁衣装に身を包むミレーヌ。胸には宝石が。

⬅⬇ミレーヌ誘拐を画策していたジャッカル一味。彼らのアジトに乗り込んだ次元は、誘拐を事前に阻止する。

「ここが
イヌどもの
ねぐらか」

「僕が彼女と
共にいたいから」

⬅ミレーヌにふさわしい人間なのか思い悩むフェルナンに対し次元は…。

➡結婚式会場にまで乗り込んできたジャッカルを人知れず始末し、花嫁を見送る次元。

「再び幸せが訪れる」

⬆⬅マルセイユの涙の情報をルパンに流したのはミレーヌ自身。彼女は宝石と引き換えに次元を呼び出すのが目的だった。

「俺に涙はいらない」

⬅ルパンから受け取った宝石を、彼女への想いを断ち切るかのように海へ投げ捨てる。

「これより某《それがし》が歩むのは武士道ではなくランウェイだ」

第16話 サムライ・コレクション

STORY

独創的なセンスで世界中を熱狂させるカリスマデザイナー・ギャビー。5年ぶりとなる新作ファッションショーで、なんと五ェ門がミューズに選ばれた!? 剣士としての飢えた目が琴線に触れたのだというギャビー。ファッションの世界でも武士道を貫く五ェ門は、慣れないモデル修行にも真剣に向き合っていき……？ サムライとデザイナー。二人の道が、今交差する。

⬅⬇南極を旅していたデザイナーのギャビーは、氷山を一刀両断するサムライの姿を目撃し、その姿に目を奪われてしまう。

「アレは駄目だ サムライは…」

⬅ギャビーの相棒、ラガーフェルド。犬猫は飼ってもいいがサムライはNG…。

「伝説のカリスマデザイナーだろ」

「盗むしかないの」

⬆⬅ギャビーのショーで発表された服は販売されない。不二子の願いを聞き、ルパンは盗み出す事を約束。

メインスタッフ

エピソードディレクター：千明孝一
脚本：篠塚智子
絵コンテ：坂田純一
演出：前屋俊広
作画監督：清水恵蔵 ほか

「今のはちゃんと音楽に合わせたぞ?」

➡一方、五ェ門はなぜかギャビーの下でモデルの特訓を受けていた。

「灼熱のマグマを地球の裏側まで解き放て!」

⬅抽象的な表現でモデルたちを指導するギャビー。五ェ門もそれに応えようとするが…。

➡助けてもらった事に恩義を感じ、モデルを請け負った五ェ門。厳しい自主練を繰り返していく。

「修行をやめたくなった事ないのか?」

➡有名になり、自由に洋服を作れない今の窮屈な現状に嫌気が差していたギャビーは五ェ門に問う。

⬅求め続ける限り道は終わらない…ギャビーの迷いを断ち切るような五ェ門の決意。

「しばしこれを預かってもらいたい」

⬆デザイナーとしてのギャビーを認め、五ェ門は斬鉄剣を預ける。

STORY

⬆ショーが開催されるがルパンもモデルとして潜入していた。

「これ以上ショーの邪魔はさせん!」

⬆ショーを妨害したルパンに激怒する五ェ門。ギャビーから斬鉄剣を受け取り、一閃!

⬅強力な吸引力を持つ秘密兵器でモデルたちの着ていた服を剥ぎ取っていくルパンだったが?

⬆ルパンが巻き起こした騒動も演出の一部だと勘違いされ、ショーは大盛況のうちに幕を閉じる。

「また一緒に世界を驚かそう」

⬅破天荒なショーの様子を満足気に回想するギャビー。デザイナーとしてまた歩み続ける決意を新たにする。五ェ門は再び修行の旅へ。

「いい夜だったぜ」

第17話 0.1秒に懸けろ

⬅⬇ワンティック・セキュリティーズの最新鋭警備システムに盗みを阻まれたルパン。開発者であるCEOのリンファは得意げな表情。

「ルパンシステムです！」

⬅高レベルな人物認証により変装を確実に見抜く。ひねりのないシステム名にはルパンたちも苦笑…。

「その勝負受けてやろうじゃねぇか」

➡リンファはルパンに逆予告状を突きつけ、大泥棒と天才エンジニアの威信をかけた盗み対決が勃発する。

STORY

『Lシステム』——それは、ICPO出身の天才エンジニア・リンファが作り上げた最強の警備システム。彼女はその真価を世間に証明するため、ルパンにあるゲームを提案する。舞台は、彼女がCEOを務めるワンティック・セキュリティーズ本社タワー。ルパンを阻むのは、何重にも張り巡らされた異常な量のセキュリティ！　前代未聞の不敵な挑戦に、ルパンは一体どう立ち向かう!?

メインスタッフ

エピソードディレクター：千明孝一
脚本：金田一明
絵コンテ：坂田純一
演出：殿勝秀樹
作画監督：高木信一郎

「あなたはルパンの事を何もわかっていない」

➡『L（ラブルパン）システム』でルパンを捕まえてみせると意気込むリンファ。

「私ほど彼を愛してる人間はいないんだから！」

⬆⬅ルパンを甘く見ていると警告する銭形。しかしリンファは、ルパンの素性を調べ尽くした生粋のルパンマニアだった。

「私の勝ちよルパン！」

➡ルパンたちの通信も妨害され連携も取れない…。絶体絶命だが!?

➡対決当日、決戦の場にルパン一味のコスプレをした一般人が押しかける。

「デジタルには案外アナログな手が効くもんだぜ」

⬆➡人物認証で一味の姿は発見できるが、群衆に紛れてしまい警備への指示が交錯。確保するには至れないが…。

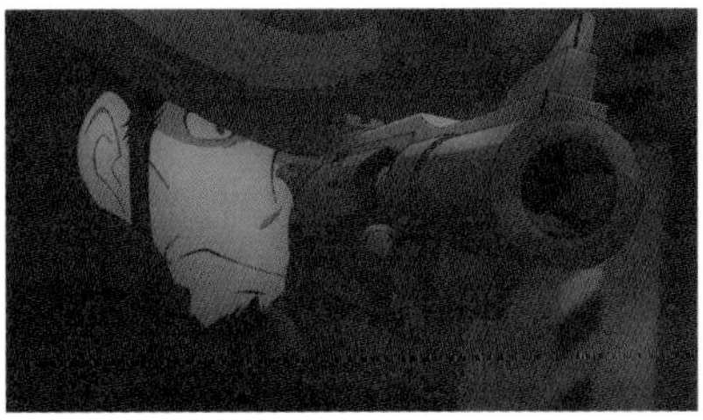

STORY

「あの音が耳にこびりついてたからなぁ」

⬇仲間とのコンビネーションで勝負に勝利するルパン。その勇姿に惚れ直すリンファ。

「あんたは素顔のほうがずっといい」

⬅繰り返し聞かされ続けたワンティックのCMソングのおかげで連携が取れたルパンたち。怪我の功名。

「バカ野郎！
俺がやるわけ
ないだろうが！」

第18話 フェイクが嘘を呼ぶ 前篇
～Witch and Gentleman～

「あなたのせい…
なんて言わないから
安心して」

⬅退院したマティア。店を訪れたルパンに対し、旅行に出かける事を告げる。そのまま花屋も辞めてしまうらしい。

⬇次元の読んでいた新聞に目を奪われるルパン。コトルニカ共和国についてのスクープ記事だが？

Cotornica's
gresswoman.

➡コトルニカのヘイゼル議員には行方不明の家庭教師がいた。教師の名前はトモエだという…。

「コトルニカに行く」

⬅トモエの手がかりを探すためコトルニカへ飛ぶルパン。次元たちも同行するが二人には手伝わなくていいと言い放つ。

STORY

オークション騒動以来のニューヨーク。退院したマティアと再会したルパンは、彼女が花屋を離れることにしたと知る。一抹の寂しさを感じつつ、ふと目にした新聞から「トモエ」の情報を入手――コトルニカ共和国の女性議員・ヘイゼルが、かつてトモエから教育を受けていたというのだ。トモエの生存を確かめるため、コトルニカに飛ぶルパン。しかしそこにはなんと、偶然旅行中のマティアがいた。

メインスタッフ

クリエイティブディレクター：辻　初樹
脚本：村越　繁
絵コンテ：辻　初樹
演出：辻　初樹
作画監督：八崎健二 ほか

STORY

⬅ヘイゼルの自宅に忍び込んだルパン。唐突な自己紹介にもヘイゼルは動じずに応対する。

「…で何盗むの？」

⬅コトルニカで偶然にも旅行中のマティアに再会。以前から来てみたかった国だという。

⬆情勢が不安定な国でマティアのボディーガードを申し出るルパン。

「不思議な人だった」

➡危険な目に合う事も少なくないヘイゼル。護身のために隠しておいた銃をルパンに突きつけ、ルパンの目的を探ろうとする。

⬅家庭教師時代のトモエについてルパンに語るヘイゼル。有用な情報は得られなかった。

「俺は直接ヘイゼルを張ってみる」

⬆ルパンとヘイゼルの密会がスクープされ、銭形も現地入り。

⬅⬇ルパンたちはパパラッチを追って入店したレストランで八咫烏たちに遭遇。マティアはアリアンナと連絡先を交換する。

「私の歳の離れた兄です」

「トモエ先生子供がいるって言ってたわ」

⬆➡ヘイゼルを陥れようとしていた悪党を撃退したルパン。トモエについての新情報をヘイゼルから聞き、彼女と別れる。

「くそッ…ヘイゼルさん！」

⬆⬅ヘイゼルを監視していた銭形。異変を感じて部屋へ乗り込むと、彼女は何者かによって刺殺されていた。容疑者として銭形は拘束され!?

「あの時ブレスレットに血が付いちゃったんです」

第19話 フェイクが嘘を呼ぶ 後篇
〜Witch and Gentleman〜

STORY

ヘイゼル殺害容疑で囚われた銭形。二党の対立は、コトルニカに疑惑と動揺を広める。ヘイゼルとの約束のため手を出さないルパン。銭形を救うのは、八咫烏とアリアンナの役目だ。――地元警察の妨害を受けながら捜査に奔走する二人。ディープフェイク事件が起こす「謎」の連鎖……。真実の裏に隠された、もう一つの深い嘘とは？

「それ以上先輩を侮辱するなよ…！」

⬆銭形を拘束した地元警察に激昂する八咫烏。アリアンナは彼をなだめる。

⬆冷静になれと八咫烏を諭す銭形。獄中から事件についての情報を収集。

➡銭形の無実を証明しようと調査する八咫烏とアリアンナ。手がかりはナシ…。

「色々むかついてたんだ相手してやる！」

➡八咫烏たちはヘイゼルに仕事を斡旋されていたゴロツキに襲われるも撃退。

メインスタッフ

クリエイティブディレクター：辻　初樹
脚本：村越　繁
絵コンテ：辻　初樹
演出：粟井重紀 ほか
作画監督：小美野雅彦 ほか

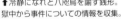

STORY

⬆今の自分があるのはトモエのおかげだと語るアリアンナ。

「私もトモエって名前の先生に教わったんです」

⬅ヘイゼルの記事を見たアリアンナは、自分もトモエの教え子だったと告げ…。

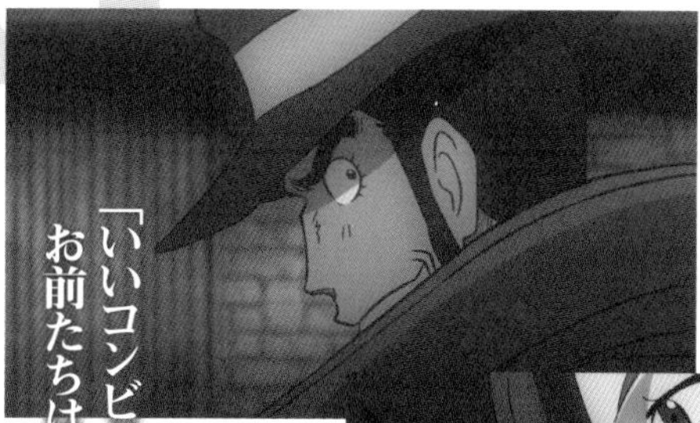

「いいコンビだよお前たちは」

⬅ヘイゼルを張っていたパパラッチ経由で銭形の無実は証明される。部下の活躍を喜ばしく思う。

➡八咫烏と別れ、マティアを呼び出すアリアンナ。

「トモエ…？誰だそれは」

⬆一方銭形は獄中のメルセデスからトモエの情報を聞き出す。

➡⬇ホテルの一室でいい雰囲気となる二人。アリアンナは八咫烏に認めてもらうため、独自に事件を調べ直して気になる事を発見する。

「飲みすぎたのかもしれません私…」

「私…何かやったと思われてます？」

➡アリアンナとマティアの会話には、徐々に緊張感が漂い…。

⬆捜査資料について知っていたマティアを尋問。

「あなた…誰なの!?」

⬅殺害現場の写真に写っていたものと同じブレスレットで、アリアンナに襲いかかるマティア。

⬆アリアンナから居場所を聞いていた銭形たちも現場に到着するが…。

「警部…それをルパン三世に…」

⬅銭形が瀕死のアリアンナから託されたレコーダー。届け先はルパン!?

「あんたの持ってくる仕事で退屈した事って一度もないのよね」

第20話 二人の悪女

STORY

不二子の目の前に現れた、屈託のない輝く笑顔。彼女の名はアメリア――かつて不二子と組んで、共に盗みを働いた女。天性の愛嬌で人の懐に入り込む天才だが、作戦の詰めが甘いことが不二子の不興を招き、関係は長くは続かなかった……。そのアメリアが持ち掛ける、新たな誘い。不二子は溜息をつきながら車を飛ばす。真逆な性格を持つ、二人の泥棒のドライブが始まった。

「何年も音信不通だったのに突然何？」

⬆⬅不二子がかつてコンビを組んでいたアメリア。数年ぶりに彼女と再会した不二子は、仕事の話を持ちかけられる。

「美しい私には美しいお前がよく似合う」

⬆⬅以前、ＩＴ企業家のグレイソンの下に忍び込んだ二人。しかし現場で何かを目にしたアメリアは、その一件のあと不二子の前から姿を消してしまっていた。

メインスタッフ

エピソードディレクター：千明孝一
脚本：下亜友美
絵コンテ：坂田純一
演出：前園文夫
作画監督：華房泰堂 ほか

STORY

➡カルト組織・アヨン教のお宝を狙い、シスターの姿で本拠地に乗り込む不二子たち。

⬅闇組織にアクセスしようとしていたルパンに不二子から連絡が。

「モニター越しではなく直接お会いして」

⬅無類の美女好きだという教祖に対し、不二子は色仕掛けで呼び出そうとするが…!?

「この日を待ち望んでいた」

⬅ルパンが探っていたのもアヨン教だった。教団のシステムを掌握。

⬆⬅教祖の正体はかつての因縁の相手、グレイソンだった。復讐を果たそうと不二子に迫るが、不二子を裏切ったと思われたアメリアが危機を救う。

「主の名前を忘れちまったってよ」

➡制御を失った拷問装置が暴走し、グレイソンは自滅。

「あたしに委ねてちょうだい」

➡グレイソンには人身売買の過去があり、アメリアはその被害者だった。彼を殺そうとするアメリア…。

⬆不二子たちを救い出したルパン。グレイソンの悪行は潰えた。

「忘れちゃいけないのはあなたといつまでも一緒っていう気持ち」

⬆不二子を利用した事について謝るアメリア。ルパンに意味ありげな言葉を投げかける。

「デーヴィ…これを聞いたからにはこの子に全てを委ねるのよ」

⬅身重の体だったアメリア。数ヵ月後、不二子と再会した際には…。

⬅無事に産まれていた子供に「不二子パパ」を紹介するアメリア。魔法の言葉を口に笑顔。

「愛ってやつは簡単には目に見えないんだ」

第21話 うたかたの島へようこそ

➡運河に囲まれた小さな村・ミトンに住む少女、ムルー。彼女の特技は妄想で物語を作り上げる事だった。

「おいルパン大丈夫か？」

⬆橋が事故で壊れ、居合わせていたルパンは島に足止め。

「人魚が人間の姿になってやってきたのかと思った」

⬆優雅に船で島にやってきた不二子の、人魚と見紛うほどの美貌に目を奪われるムルー。

⬅不二子のミステリアスさに心をときめかせ、彼女についての物語を妄想し始める。

STORY

穏やかな時が流れる島・ミトン。橋の故障で島に閉じ込められたルパンたちは、思いがけない休暇を過ごすことになる。暇をもてあそぶルパン一味の佇まいに、カフェで働く娘・ムルーは興味津々。夢見がちな彼女は、スケッチブックを片手に、ルパンたちの関係を勝手に妄想し始めた。そんな中、不二子は島に古くから伝わる人魚の伝説を聞きつけて……？

メインスタッフ

エピソードディレクター：千明孝一
脚本：篠塚智子
絵コンテ：千明孝一
演出：江上　潔
作画監督：Park Songhwa ほか

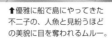

STORY

「おいおいマダムは俺のものだぜ」

⬆五ェ門の事は、その容姿から苦学生だと妄想。不二子をめぐって三角関係に…。

⬆⬅不二子に話しかける次元に「ダンディ」というあだ名をつけ、二人のラブロマンスを勝手に想像しては絵にしたためていくムルー。

「今夜はここでマダムへの愛の気持ちを表現してもらいます」

⬅マーメイドフィッシュの居場所をエサに、ルパンたちを「人魚の淵」へと呼び出すムルー。

➡お宝を手にするため、なぜか告白対決を強いられる三人…。

「その幻の魚とやらちょっくら探しちゃうぜ」

➡⬇島に伝わる古代魚の伝説。マーメイドフィッシュと呼ばれるそのお宝を、暇つぶしがてら探す事に。

⬆しかしお宝の正体は、人魚のコスプレをした不二子だった。

⬅お宝にフラれてしまったルパン。どちらが先に真実の愛を手にするかムルーに勝負を申し込む。

「伝説ってそういうものよね」

⬆結局、伝説の人魚の居場所はわからずじまいに終わる…。

⬇母親のかっこよさに不二子の姿を重ねるムルー。大人の女性への憧れを胸に彼女の物語は続く。

「私もマダムやお母さんみたいにカッコいい女の人になれるかなぁ?」

⬅不二子の正体を、愛を知らない女スパイだと妄想するムルー。今回の妄想は当たらずとも遠からず。

「よし始めよう！調査開始！」

第22話 私のママの記録

STORY

フィン・クラーク。極北の国・レヴォンランドへホームステイにやって来た、15歳の少女。彼女が知りたいのは、ママのこと。そして、顔も知らないパパのこと。「私のパパは誰？　16歳のママはなぜこの国で亡くなったの？」――雪に埋もれた家から、フィンは母親の記録を掘り起こしていく……。一方ルパンもまた、ネット上に転がるあらゆる記録を頼りに、何かを探し続けていた。

「ど…どこだぁ…？」

➡とりつかれたように、夢中でパソコンに向かうルパン。「勉強」だと言いはるが、その様子を次元と五ェ門はいぶかしがる…。

⬅15歳の少女フィンは自分を産んで亡くなった母親の事を調べるため、レヴォンランドへホームステイで訪れる。

「ママったらショーンのことばっかり」

⬆⬅母親の残した日記や肉声が録音されたテープレコーダーを手がかりに調査を進めるフィン。母親には恋人らしき相手がいた事を突き止める。

メインスタッフ

エピソードディレクター：千明孝一
脚本：千明孝一
絵コンテ：千明孝一
演出：千明孝一
作画監督：山中純子

STORY

「あなたはなにを学びたい？」

⬆フィンの母・マリエルもまた、トモエに教えを受けた生徒の一人という事実が判明する…。

「マリエルの授業3日目始まりです！」

➡謎解きの様子をネット配信していたフィン。配信も回数を重ね…。

⬆➡トモエに関する手がかりを探すルパンとマティアも、フィンの配信に気付き、耳を傾ける。

⬅マリエルや周囲の人間を操っていたトモエ。真意は語らず、レヴォンランドを離れる。

「失敗したんだ…」

➡トモエがもたらした惨劇の動画をネットから見つけ出したマティア。満足そうに笑みを浮かべ…。

⬆母親の残したショッキングな内容のテープを聞き動転するフィン。

「お嬢さんの悲鳴が聞こえたもんで…つい」

⬆フィンの悲鳴を聞きつけたルパン。彼女を介抱して、事なきを得た。

⬇母親の愛情を知ったフィン。ルパンからプレゼントの花束を渡され、誕生日を祝福される。

「フィン…素敵な名前ね」

➡フィンの出産後、マリエルは子供に名を授けて息を引き取る。

⬅ルパンの様子を伺っていたマティア。トモエの言葉が去来する。

「あらとっつぁんどうした？」

⬅リンファから情報を得てマティアの行方を追っていた銭形は、ルパンたちと遭遇。

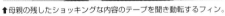

「思い出したのね……あの詩を」

第23話 愛しの魔女の記憶

～Witch and Gentleman～

「ああああ……！
ああああああ……!!」

➡アリアンナが残した録音を聞くルパン。「永遠の愛」という言葉を耳にしたとたん、錯乱状態に。

⬅豹変したルパンの様子に驚く銭形。何が起きたのか問いただそうとするも、ルパンは上の空。

⬆いくつもの謎の「言葉」を復唱しながら仲間に銃を向けるルパン。次元、五ェ門、銭形の三人はルパンを取り押さえ、呼びかけ続ける。

「行って……
トモエのところに」

➡そんな四人の間に突如現れたマティアが割って入る。ルパンをトモエのもとに向かわせ、彼を追う。

STORY

レヴォンランドで銭形と鉢合わせたルパン。銭形は、自分がマティアを追ってここへ来たこと、アリアンナがマティアに襲われたことを語る。衝撃的な事実を受け入れられず、困惑するルパン。だが、銭形が携えたアリアンナのボイスレコーダー……その録音を聞いた瞬間、ルパンの脳裏に浮かぶ、いくつもの言葉たち。それらはルパンの記憶を揺さぶる、美しい思い出の断片だった。

メインスタッフ

脚本：村越　繁
絵コンテ：菅沼栄治
演出：殿勝秀樹
作画監督：湯本佳典 ほか

STORY

「私が思い描く犯罪地図には彼が必要なのさ」

➡ルパン一味に協力する義理は無いが、ここで彼が退場するとモリアーティにとっても不本意らしい。

⬆モリアーティに呼び出された次元と五ェ門。ルパンの足取りについての情報を得る。

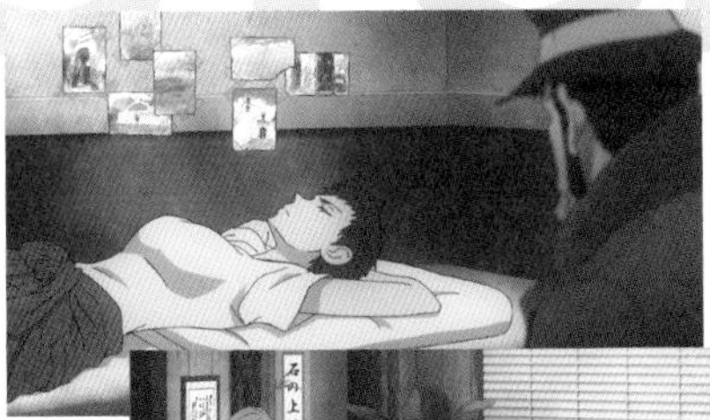

⬅銭形もトモエの潜伏地に関する情報をメルセデスから入手。

➡ルパンを取り戻すため不二子も次元たちに合流。三人でルパンの足取りを追う。

「あなたを手に入れられるのは私だけなのよ」

⬆正気を失ったルパンに口づけする不二子。そんな彼女にルパンはそっけなく別れを告げる。

「生きてたのか本当に…」

⬆植え付けられた記憶を元に、マヒコ村にある古い洋館へと辿り着くルパン。

➡年老いたトモエと再会するルパン。死んだと思われていたのは身代わりだった。

「全て話してもらう殺すのはそれから」

⬆ルパンを追っていたマティアもその場に姿を現す。母親をかばおうとするルパンをあっさり撃つと、真実を明かすようトモエに迫る。

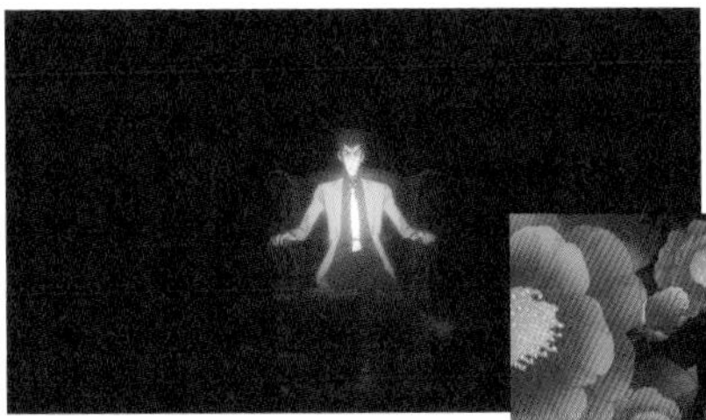

⬅⬇これまでにルパンが接してきたトモエの教え子たちの紡ぐ言葉が揃った時、ルパンに偽りの記憶が根付く事に…。

⬇マティアの銃撃を、急所を外す事で生還したルパン。ナイフを構える彼女と対峙する。

「これなら外さない…狙った獲物は必ず殺す」

⬅ルパンの才能をトモエのものにするためだけに、自分の人生を利用されたのだと知ったマティア。

「俺のルーツは今ここにいる俺自身だ」

第24話 悪党が愛すもの

〜Witch and Gentleman〜

⬅トモエを護ろうとするルパンに対し、ナイフで斬りかかるマティア。ルパンは身をかわして攻撃を防ぐ。

「お前ら何しに来やがった?」

➡決闘する二人を次元の銃弾が制止。五ェ門がマティアを拘束し、不二子はルパンに問いかける。

「痛くねぇふりする身にもなれってんだ」

⬆⬅不二子から容赦なく繰り出されるビンタに、ルパンの態度が豹変。洗脳はとっくに解けていた。

STORY

「狙った獲物は、必ず殺す」トモエのもとへ戻ったルパンに、暗殺者としての牙を剥くマティア。その眼差しには、自らの人生を呪う苦悩の色が映っていた。応戦するルパンだが――二人の対峙に割り込む、一発の銃弾。次元、五ェ門、不二子がそこに立っていた。「天下の大泥棒が聞いて呆れるわ。自分の意識を盗まれるなんて」――不敵に笑うルパンは、盗まれた「ルーツ」を取り戻せるのか?

メインスタッフ

脚本：村越　繁
絵コンテ：菅沼栄治
演出：そえたかずひろ
作画監督：丸藤広貴 ほか

➡トモエの言葉に重なる仲間たちの姿。屋敷に辿り着いた時点ですでにトモエの詩の呪縛からは逃れていた。

➡ルパンの仲間への想いがトモエの記憶改竄を上回り、正気に戻る。

「それなら俺が止めねぇとな…」

⬅トモエはルパンの実の母親ではなかった。凶行を重ね続けようとするトモエに対し、ルパンは…。

➡怒りのぶつけどころを失ったマティアはルパンとの決闘を再開。

「素晴らしいわ坊や…」

➡ルパンの銃弾に斃れるトモエ。今際の際までルパンの才能に心酔し、愛の言葉を口にする…。

「来い…償いをさせてやる」

STORY

⬆➡マティアに対し悪党としての矜持を語るルパン。説得に応じたマティアはおとなしく銭形に逮捕される。

⬅⬇辿り着いた宝物庫にお宝の影は無し…。トモエが肌身離さず持ち歩いており、死してなおルパンを翻弄した。

「どういう事だ⁉」

「次こそは逮捕するぞ…」

⬆マティアは逮捕されたが、ルパンと銭形の戦いは続く。

「待てぇ！ルパーン！」
「あばよとっつぁ～ん！」

⬆自身のルーツにまつわるお宝を、トモエの亡骸と共に炎へ葬る。

⬅トモエがらみの一連の騒動は血を伴いながらも決着。ルパンを追う銭形の声が響き渡る日常へ。

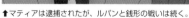

ICPO 八咫烏のシークレットレポート

ルパン三世の足跡

先輩！『PART6』でルパンが現れた場所をまとめました。世界のどこにいようが、必ず追いつめて捕まえてやりましょう!!

アメリカ

高層ビルが立ち並ぶニューヨークにルパンのアジトがあったようです。オークションハウスでルパンを警戒していましたがメルセデスも現れるとは…。

メキシコ

カラフルな建物が並ぶ美しい街。ここにある銀行でルパンとメルセデスが再激突、その後メルセデスを逮捕しました。

馬毘子村《マヒコ》

廃村にルパンの屋敷が…。残念ながらルパンは取り逃がしましたが、国際指名手配犯・マティアをついに確保！

ブラジル

海賊のお宝を専門に狙う窃盗団を追って向かったグランデ島。コショウを仕掛けて先輩を海に落とすとは…ルパン許すまじ！

こんな所にも…!?

帝都東京

バーチャル・マシンによって忠実に再現された昭和初期の東京。こんな所にまでルパンが出現したようです。しかも先輩そっくりの人物もいたとか…、これは気になります。

レヴォンランド

先輩がマティアを追って向かった極北の国。オーロラも見える地域のようですね。まさかルパンがいるとは…。

マルセイユ

巨大なモニュメントが建つ海辺。ルパンと次元がミレーヌという女性から宝石を奪い、海に捨てて逃走しました。

ロンドン

ホームズさんとリリーちゃんのためとはいえルパンに手を貸す事になるとは。タワーブリッジでは残念でした…。

ギャビーのコレクション会場

女優のヴィヴィアンや名立たるセレブたち、最高の空間でした。でも、なぜ五ェ門はルパンの邪魔をしたんでしょう。

アトラス島

地中海の荘厳な大聖堂が、極悪な犯罪集団の巣窟になっていました。貯め込まれた汚い金をルパンが盗んだようですね。

香港

元ICPOのリンファさんがルパンに宣戦布告をしました。自慢のシステムが突破されたのに彼女は嬉しそうでしたね。

ミトン村

人魚伝説が伝わる村にルパンが滞在していました。奴らはマーメイドフィッシュを狙い愛の言葉を叫んでいたとか…。

コトルニカ共和国

レアアースを巡る国内論争で揺れる中、ヘイゼル議員が殺害され、アリアンナまで…。ルパンの足取りを掴めず、先輩が拘束された時は肝を冷やしました。

ルパン一味が狙ったお宝集 ＋ミニコラム

手に入れたもの、手に入れ損なったもの、ルパンたちがターゲットにしたお宝の数々をご覧あれ！

第0話 大量の札束

何処からか盗んだ、大量の札束を詰め込んだ麻袋。不二子に横取りされてしまうが、のちに回収した。

MINI COLUMN 大事な酒

ルパンが「とっておきの上物があるんだ」と出した酒。ラベルの1971という数字は、『ルパン三世』のＴＶアニメが初めて放映された年である。

第1話 フォークナービルの“ポスター”

アルベールが狙っていた、レイブンの財宝について鍵となる絵。争奪戦の末に真っ二つになるが、五ェ門が片割れを手に入れた。

第2話 レイブンの財宝

レイブンとは第二次大戦後、ドイツから流出した財宝を横流しして勢力を伸ばした秘密組織。ルパンたちもレイブンの財宝を狙うが、その正体が何なのかわかっていなかった。組織の名は「ワタリガラス」を意味している。

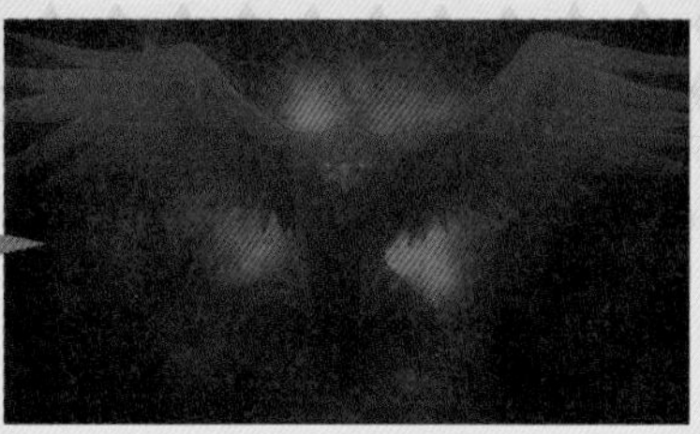

MINI COLUMN バリツ

ホームズが得意とする技で、五ェ門に対して使用した。コナン・ドイルの『シャーロック・ホームズシリーズ』に登場する日本式の格闘技であり、武術説やバーティツ説もあるが、柔道説が一般的。作中では、確かに背負い投げのようにも見えた。

第3話 英国鉄道第一号の切符

リバプール＆マンチェスター鉄道が催した試乗会の切符。鉄道マニアにとっては大変な価値があるため、ルパンたちが狙った。

第4話 稀《き》覯《こう》本

送り手と受け手が同じ本を所有して、ページと行数から単語の頭文字を指定する事で元の文書を再現するという暗号のやり取りに使われた。殺し屋に扮したルパンと次元が狙ったものの、不二子が手に入れる。

第5・6話 巨大からくり時計

大元帝国最後の大ハーン・順帝トゴンチムールが造らせた時を司る時計。これを手にする者は世界を制する事ができるとされる。

MINI COLUMN 乱歩オマージュ

明智小五郎・波越警部・黄金仮面・黒蜥蜴など、江戸川乱歩オマージュに溢れた回。本郷義昭は、山中峯太郎の小説に登場する人物。

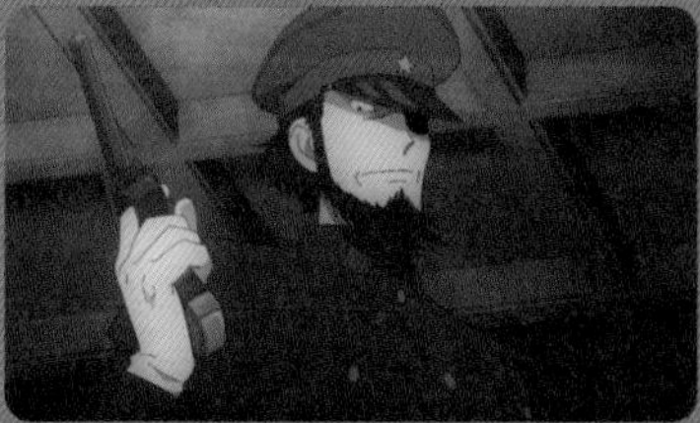

第12話 真のレイブンの財宝

まことしやかに語り継がれていたレイブンの財宝は大量の不発弾。レイブン創設メンバーによってロンドンの地下に隠されていたが、現在では価値がない。

第10話 本物の"ダーウィンの鳥"

謎の青年・ミハイルが不二子に依頼した大英自然史博物館に収蔵されている本物の始祖鳥化石の回収。その化石は"鳥"というには異様な姿をしていた…。

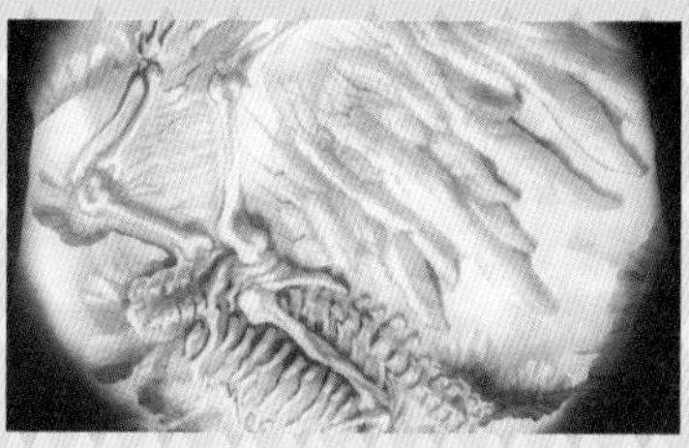

第9話 ブラックダイヤモンド

二つのこけしの中に半分ずつ隠されていた、海賊王の宝の隠し場所が記された地図。お宝のブラックダイヤモンドは日系移民が作った黒コショウだった…。

第15話 マルセイユの涙

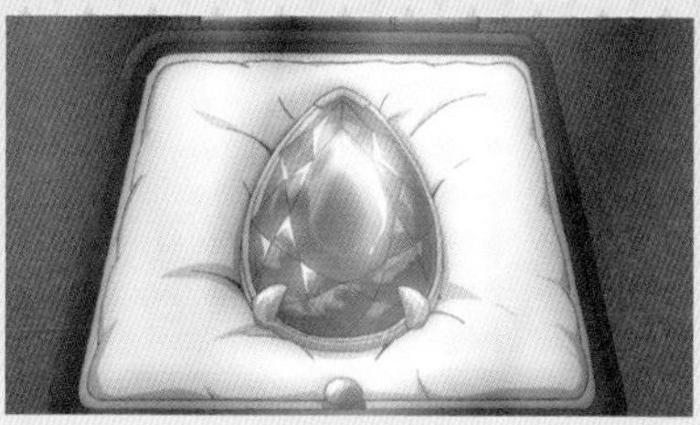

マルセイユの名門貴族「フェルナン・メーストル伯爵」の結婚式で、花嫁に一族の証として贈られる特大のサファイア。花嫁・ミレーヌが、次元にもう一度会うために、わざと露出させてルパンが宝石を狙うよう仕掛けた。

第13・14話 "UNKNOWN"の宝石

オークションに出品された、名前もどんな由来があるかもわからない宝石。元々はルパンの屋敷の宝物庫にあったが、トモエによって盗み出されたらしい。メルセデスによって奪われるも、ルパン自らの手で取り返した。

第17話 純金製の龍の彫像 1ドル銀貨

龍の彫像は、リンファが作り上げたセキュリティ『Lシステム』に妨害され盗めず。時価数十億円のコレクターコイン「フローイング・ヘアダラー」は、システムの隙を突いて盗んだ。

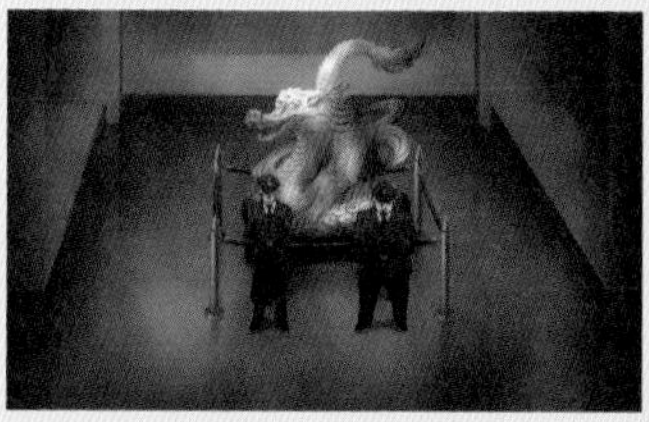

第16話 "GJ"新作コレクション

ギャビーのポリシーでショーで発表した服は売られないため希少価値が高い。さらに、不二子が欲しがったためルパンのターゲットに。だが、モデルをしていた五ェ門によって全ての服が切り刻まれた。

第22話 カセットテープ

フィンの母・マリエルやトモエの声が録音されている。ルパンはフィンの配信によって内容を聴いたため、テープを奪う事はなかった。

第21話 マーメイド フィッシュ

満月の夜に現れる、愛の成就をもたらす伝説の古代魚。ルパンたちが狙うも、見つからず。

第24話 ルパンのルーツ

トモエがかつて宝石と一緒にルパンの屋敷から奪った箱。トモエはルパンが我が子である証拠が入っていると語っていた。だが、実はルパンの本当のルーツが収められている!? 真実はルパンのみぞ知る。

第20話 アヨン教のネックレス インビジブルの売り上げ

不二子がアメリアと狙ったお宝は、アヨン教教祖が身に着ける時価数億のネックレス。一方、ルパンは闇サイト・インビジブルの金を狙いハッキング。アヨン教とインビジブルは裏で繋がっていた。

繋いだ女たち

トモエは十人の女性の人生を操り、詩の一節をルパンへ伝えた。ここではルパンが出会った女たちのその後と贈られた言葉について触れる。

メルセデス

「母の愛」

⬆ピンクのカーネーションの花言葉をスペイン語でルパンに贈ったメルセデス。刑務所からの脱走時、ルパンへの執着は消えていた。

Clavel

マティア

「変わらぬ愛」

⬆英語でルパンにマリーゴールドの花言葉を伝えたマティア。記憶を取り戻した彼女は悪党としての美学を秘め、償いの時を過ごす。

Marig

ヘイゼル

「揺るがない魂」

⬆コトルニカ共和国の発展に尽力したヘイゼルは国民の心に残り続ける。紫色のビオラの花言葉はトルコ語でルパンに伝えられた。

Menekse

ギャビー

「私の心は燃えている」

⬅ポインセチアの花言葉をロシア語で叫んだギャビー。世界を魅了する彼女のデザインは、五ェ門との出会いでより独創的なものに。

Пуансеттия

リンファ

「あなたに私の全てを捧げる」

⬆自分の気持ちを込めたナズナの花言葉を、中国語でルパンに告白したリンファ。完璧な警備システム構築のため、さらに研究は続く!?

荠菜

アメリア

「あなたといつまでも一緒」

➡不二子の相棒・アメリアは、アングレカムの花言葉をドイツ語でルパンに告げた。お腹の子と共に穏やかに暮らしている。

Angraecum

忘れてはいけない…ルパンとトモエを

ミレーヌ

「再び幸せが訪れる」

➡次元への想いを胸に、フランス語でスズランの花言葉をルパンに贈ったミレーヌ。結婚後も変わらず町医者として人々に寄りそう。

ムルー

⬇ルパンの前で、ムルーはマーガレットの花言葉をオランダ語で口にした。母や不二子のようなカッコイイ女性を夢見て日々妄想!?

「真実の愛」

Margaretha Muguet Sasanqua

アリアンナ

「永遠の愛」

⬅ピンクのサザンカの花言葉をイタリア語でルパンに届けたアリアンナ。マティアに重症を負わされたが、無事意識を取り戻した。

フィン＆マリエル

「トモエに至る記録」

⬅⬆フィンが母の記録を辿った事で、ルパンはトモエの軌跡を知る。催眠下でもマリエルのフィンへの愛は本物だった。

ルパンの心を盗む暗示

ルパンが持つ圧倒的な能力に魅入られたトモエ。詩による強力な暗示をかけ、自分が母であるという記憶を植え付ける。

⬆馬毘子《マヒコ》村にあるルパンの屋敷に咲く満開の八重桜。花言葉はルパンを初め、多くの女性を育てたトモエにふさわしい「豊かな教養」。

➡ルパンを手に入れるまで決して諦めないと語るトモエ。最後はルパンの手によって引導を渡されるも、満足そうに息絶えた…。

大野雄二 OP&ED+ SPECIAL COMMENT

『ルパン三世 PART6』OP&EDのテーマ曲制作エピソードを語っていただいた。楽曲とバランスよく融合した映像にも注目してほしい。

●メインテーマはギターが主役

ルパンを長い事やってるから今回突然「おお！　新しいアレンジを閃いたぞ」とかはないんだけど(笑)。メインテーマとして、エレキギターをメロの主役にしたっていうのは面白いんじゃないかなとは思うね。舞台もロンドンって事で。ただ「今回はロックで行くぞ」みたいな事でもないよ。あくまでジャズであって、楽器がエレキって事もありちょっとロック風くらいのイメージだね。

『ルパン三世』とかね、長く続いてる作品の劇伴って、新しい話が始まる度にアレンジをガッツリ変えればいいってものでもないんだよ。変えて良くなるぶんにはいいんだけど、ただ「変えるために変える」じゃ何にもならないから。どっちかというと、僕は王道中の王道を行ってる人間なんで「こんな感じで攻めたらみんなビックリするんだろうな」みたいな音楽は作りたくない。「ド」がつくまともな路線でやってる(笑)。

●メインテーマをアレンジする秘訣

時代に流されないしっかりした骨太なメロディがあった上で、それに対してどういう割合でその時代ごとに僕が自然と感じる事や色々な要素を加えていったら一番いい感じになるのかな…という事は、変わらず結構気をつけているね。

●ED曲『MILK TEA』

『PART6』は1クールごとに違う物語になるから、音楽もハッキリとコンセプトを区別した方がいいなと思い、雰囲気の違う2曲を作ったんだ。EDが切り変わるというのは決まっていたけど、曲調については特にスタッフから事前リクエストはなかった。

僕のイメージ的には『MILK TEA』はポップに、『BITTER RAIN』はしっとりという感じかな。歌モノを作曲する時は毎回、ボーカルがどういう風に歌えるかな？　という事をまず考えて、とことんその人の歌を研究してから作るんだ。『MILK TEA』はAkari Dritschlerさんに決めていた

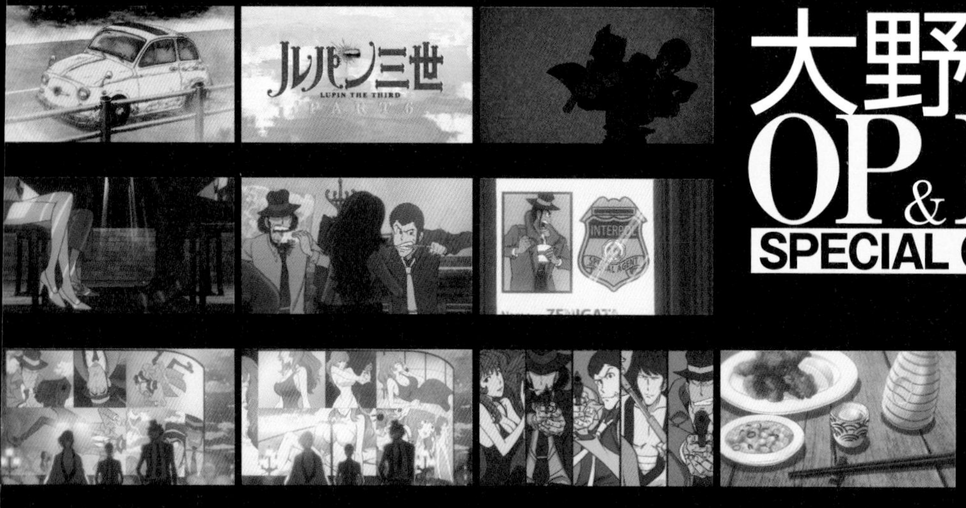

から彼女の、いい意味でクセがない素直な歌というかポップスと相性が良いなと思ったから、そういう声に合うような曲を作ったという感じ。コーラスも多めにしてね。

僕は普段からレコーディングの時も、特に細かい指示はしていなくて、「この曲を聞いて、感じたままに歌ってくればいい」と伝えるくらい。

あと今回『MILK TEA』のED映像がすごく良く考えられていて、より曲を引き立ててくれるなぁと感じたね。すごくいいセンス、いいバランスで、僕は個人的にも好きだった。

●ED曲『BITTER RAIN』

『BITTER RAIN』は2クール目だから、雰囲気を変えるという事を意識しているというのがまず前提にあって。音楽的にもね、僕が藤原さくらさんを選んだ最初の決め手というのが、「声質」だったんだ。ちょうどいいハスキーさというか、スモーキーな感じが良かったの。ザラザラし過ぎてもいないし、かと言ってスーッと通り過ぎちゃうような声でもなくて印象的だよね。そういう彼女の本来の声の良さを一番活かせるように作ったね。

昭和歌謡っぽいジャズバラードで、歌詞についても、作詞のBOUNCEBACKに「ニヒルなやさぐれ感」とかを出してもらうようお願いして。1クール目の『MILK TEA』とはガラッと違うテイストを相談していたんだけど、これも上手くいったと思うよ。

●BOUNCEBACKさんのすごさ

作詞のBOUNCEBACKとはコンビが長くなってきているんだけど、歌詞に関する注文に対してすごくクオリティが高いものが返ってくるんだ。特にすごいのはね、「ここ、ちょっとこういう感じにならないかな？」という時に「だったらこんなものもありますよ」って追加のアイディアまで一緒に出してくれるところ。

最近は曲を先に作る事が多いから、どうしても曲が主導権を握っちゃうんだけど、だからこそBOUNCEBACKの

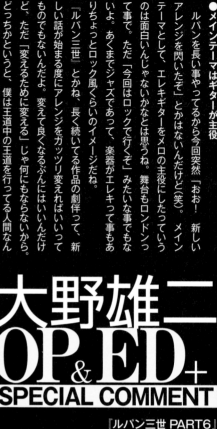

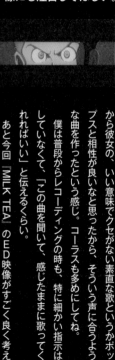

作詞のすごさがより目立っていると思う。

音符に対する言葉のリズム的なはめ方というのが、僕には強いこだわりがあって…、要するに例えば8個の音符がある時、歌詞はキッチリ8個分の言葉にしてねという事。その言葉がどのぐらい音符とマッチしているかという事がものすごく重要なんだ。「何となくここを伸ばせば、これでも歌えるでしょ」という無理矢理な合わせ方が僕は大っ嫌いで、この部分は、その曲の聴き心地が良くなるかどうかの、ものすごい瀬戸際なの。BOUNCEBACKは、そういうところをちゃんと配慮してメロに歌詞を合わせてくれるから信頼しているよ。

●インストゥルメンタルと詩のある曲

インストゥルメンタル(以下、インスト)というのはね、特にキーボードなんかは、当たり前だけどその音を弾けばその音が出るんだよ。だから僕みたいに、どっちかって言えばインストものが多くて、なおかつキーボードで作曲していた人というのは、ボーカルに無理難題を押しつけちゃう可能性が多いわけ。実際に歌うとなると難しいようなメロディをつい書いちゃう。そこだけは気をつけないといけない。だから、今はなるべく自分でも鼻歌を歌いながら作るようにしている。楽器だけで作らない。これは歌モノの作曲で、とても大事な事だと思う。

●満足度

今回のOP・ED曲の満足度…。うーん、満足度って言い出すとね、死ぬまで満足する事はないんだよ、きっと。

曲を自分がどう評価するかっていう事で言えば、たとえ自分の中で好きな曲はあっても、絶対に「これでOK、これで完璧にできた!」なんて事は一度もない。ただまあ、これだけ長くやってると「今できるのはこのくらい」みたいなラインはクリアしているのかなと思う。

●ジャズと劇伴の違いとは?

まず僕が思うジャズの一番面白い聴かせどころは、アドリブ。いいアドリブの節がどんどん繋がれば繋がる程、グルーヴが増していって、いいんだよ。

大野雄二
YUJI OHNO

PROFILE
作曲家/ジャズピアニスト。1941年5月30日生まれ、静岡県熱海市出身。慶應大学在学中に、ライト・ミュージック・ソサエティに在籍。藤家虹二クインテットでJAZZピアニストとして活動。その後、自らのトリオを結成。解散後は、作曲家として膨大な数のCM音楽制作の他、映画やテレビの音楽も手がけ、数多くの名曲を生み出している。近年は再びプレイヤーとして活動を開始。現在は自身のトリオやYuji Ohno&Lupintic Sixとして全国各地で積極的にライブを行う。

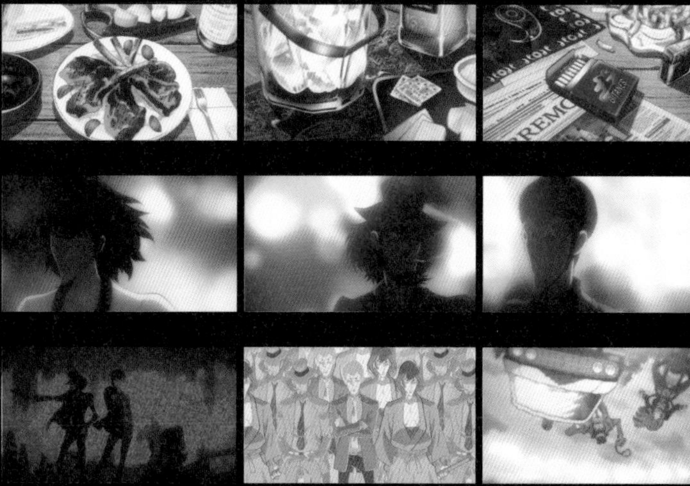

ただね、これは自分の中に溜め込んだものを表現してるわけで、その場で作曲したメロディを演奏してる人なんかいないんだよ。そんな事はできない。自分のアイドル的な、「この人みたいになりたい」みたいな人の音楽をひたすらコピーして、メロディが体の中に色々としみ込んでいった中で、それがひとりでに出てきた時、アドリブとして流れ出るわけ。

その瞬間瞬間でいい節を作り出そうとしてるわけね。ただやたら弾きまくっている人というのは聴いていてつまらない。だから、そこの兼ね合いが一番難しいんだ。

僕はある種の、よくある定番のアドリブも弾くけれど、どこかで大きな節というかね、形としてはシンプルな大きい節を入れるようにしている。ただダラダラ長ったらしい節をやるみたいな事はよくない。とはいえ、自分もたまについやっちゃうんだけどね(笑)。そこは気をつけるようにしているね。

一方で、劇伴の一番面白いところっていうのは、全部がカッコいいメロディだと劇(映像)を邪魔しちゃうって事。だからちょっと捨ててもいいような感じの、節のようで節じゃないみたいな節を作るのが一番難しいわけ。

それが劇伴の極意なんだよ。素人が作ると、全部が主張するメロディだらけになっちゃう。そこで観ている人の神経が二分されちゃうとダメなんだ。やっぱり伴奏する方はちょっと一歩引いた位置に居たいの。

でも僕が一番ここで言いたいのは、一歩引いただけで、劇伴が成立すると思われても大間違いだという事。どこかにグイッと食い込んでくる部分もないといけないんだ。

もう哲学みたいな話だけど、「これは正しいけど正しくない」みたいな事なんだよね。だから、心の底で「絶対これは伴奏ですよ」と言い聞かせながら、独りでにどこかで自分らしさが出っ張ってきちゃう部分があってもいいなというのが、劇伴の難しくもあり、面白い部分だね。

ルパン三世 PART6
オリジナル・サウンドトラック1
『LUPIN THE THIRD PART6～LONDON』
Yuji Ohno & Lupintic Six
定価：3850円（税込）

曲収録!

1クールED『MILK TEA』

作曲：大野雄二　作詞：BOUNCEBACK
歌：Akari Dritschler

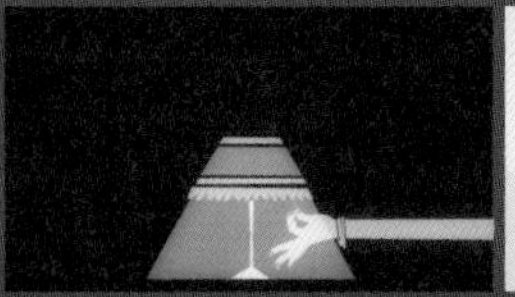

Akari Dritschler
COMMENT

初めまして。この度エンディングテーマを歌わせていただきました、Akariです！　錚々たるミュージシャンの方々が歌い紡がれてきた『ルパン』の歴史の中で、今回こうして歌を担当させて頂けることが決定してから、興奮がおさまりませんでした。大野さんの創り出す、一度聴いたら忘れられないメロディー。雰囲気を表すならやっぱり“MILK TEA”という言葉がピッタリな、とっても可愛らしい素敵なこの曲に携われたこと、本当に嬉しく思っています。そしてまた自分自身、新しい一面に出会えました。レコーディングでは大野さん直伝レシピの美味しいミルクティーをいただきました！　甘い気持ちでゆったりと楽しんでいただけますように。

Akari Dritschler　PROFILE
2000年1月15日生まれ、長野県出身。シンガーソングライター、モデル。幼少期からピアノ、声楽などクラシック音楽に触れ、キッズミュージカルに出演するなど身の回りに音楽のある生活を送る。クラシックの経験を活かした瑞々しく伸びやかな透き通った歌声が魅力。

ルパン三世 PART6
オリジナル・サウンドトラック2
『LUPIN THE THIRD PART6～WOMAN』
Yuji Ohno & Lupintic Six
定価：3850円（税込）

曲収録!

2クールED『BITTER RAIN』

作曲：大野雄二　作詞：BOUNCEBACK
歌：藤原さくら

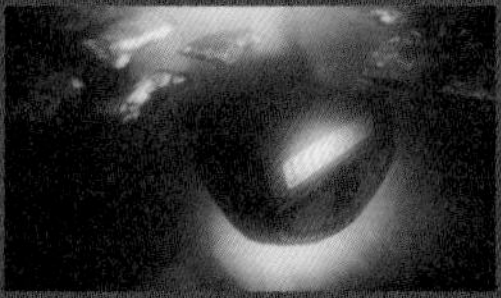

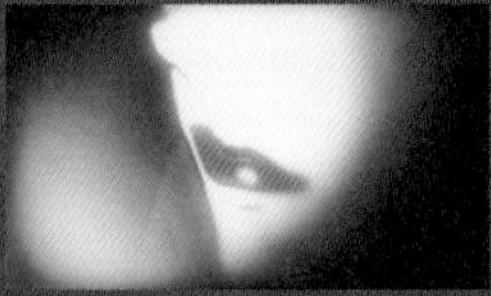

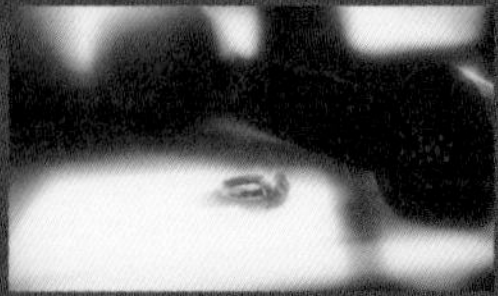

藤原さくら
COMMENT

今回、『ルパン三世』という自分が幼い頃から見ていた大好きな作品で名曲の数々を生み出されてきた大野さんの曲を歌唱でき、とても夢のような幸せな時間でした。『BITTER RAIN』は、苦く切ないけれど、シャンと背筋を伸ばして自分の足で立っていこうと、強く在ろうとする大人な雰囲気の香る歌。悲しいことがあっても、街のネオンに照らされ光る雨に紛れながら涙を隠して、歌をうたって明日を生きていたいです。

藤原さくら　PROFILE
福岡県出身。1995年生まれ。シンガーソングライター。
父の影響で10歳にして初めてギターを手にする。洋楽邦楽問わず、様々な音楽に触れて育つ。シンガーソングライターのみならず、俳優としても活動。2022年3月に、デジタルシングル「わたしのLife」を発表。天性のスモーキーな歌声は数ある女性シンガーの中でも類を見ず聴く人の耳を引き寄せる。

アイキャッチ担当 togekinoko氏 一問一答！

ルパンと銭形のいつもの掛け合いが印象的なアイキャッチ。イラスト制作にまつわる裏話も!?

PROFILE

「ルパン三世officialマガジン'12秋号」で漫画家デビュー。代表作に『ルパン三世T』。TVスペシャル『ルパン三世 イタリアン・ゲーム』ではチェスデザインを担当するなど多方面で活躍する。

――『ルパン三世 PART6』のアイキャッチイラストを担当する事になった経緯を教えてください。

以前、テレコム・アニメーションさんからTVスペシャル『ルパン三世 イタリアン・ゲーム』のチェスの駒デザインのお仕事をさせて頂きました。今回、テレコムの浄園祐社長から「ルパンのお仕事ありますよ」とお声掛けがあり、参加させて頂きました。久しぶりの『ルパン三世』のお仕事で大変嬉しかったです。

――イラスト作成にあたって、アニメスタッフからはどんなオーダーがありましたか?

オーダーは「漫画ならではの奇抜な表現」、モンキー・パンチ先生の「カートゥーンなイメージをアイキャッチにしたい」というオーダーでした。最初、アニメのデザインに寄せるべきかと悩んでいたのですが、自由に描いていいと言ってくださり、私の絵柄のまま作らせて頂きました。

――第1クールと第2クールのアイキャッチイラストは、それぞれどのようなテーマで描かれたのでしょうか?

第1クールは「漫画ならではの表現」という事で、漫画のコマ枠をルパンが蹴り上げる演出にしました。第2クールは、モンキー・パンチ先生のルパンを意識して、ナイフを使っています。

『PART6』のテーマが「この男、悪人か、ヒーローか」だったので、CMに入る時は悪党としての凶悪そうなルパン三世、CM明けは銭形警部と追いかけっこを楽しむヒーローとしてのルパン三世を表現しました。

――アイキャッチイラスト完成までの作業で楽しかった事、大変だった事があれば教えて下さい。

全部楽しかったです。短い数秒の中で、どんな『ルパン』らしい奇抜な演出が出来るだろう、とワクワクしながら制作しました。大変だったのはアニメーション制作ですね。個人の趣味で制作した事はあるのですが、お仕事で納品となると、どのくらいのクオリティが必要なのか非常に緊張しました。第1クール目のルパンがコマを蹴る動きが難しくて、最終的には動画編集の方のエフェクトに助けられた部分もありましたね。

――アイキャッチイラストを描く上で注意した点はありますか？　また、イラストで注目して欲しいポイントを教えてください。

注意したのは綺麗に描き過ぎないようにした所です。勢いのある線を残しながら仕上げました。注目してほしいのは、第2クール目のアイキャッチの次元ですね。よく見ると、あのカットの次元はフィアットのドアを壊しているんですよ。アイキャッチには「アレ？」と台詞が入っているのですが、あれはもしかすると次元の声なのかもしれません。冗談です、偶然です！

――一番好きな『ルパン三世』のキャラクターは誰ですか？　また、思い出に残っているお話や場面があれば教えてください。

お仕事として描くなら、メインの五人ですね。キャラクターの掛け合いのバランスを愛しています。みんなの掛け合いで話がガッと盛り上がっていく、それがとても好きです。ファンとしてであれば、銭形警部が一番応援したくなります。思い出に残っている『ルパン三世』は、原作の第1話。終盤でルパンの正体を知ったキャラたちが口を揃えて「ルパン三世…!?　あの三枚目が？」と驚くシーンがあるのですが、このセリフにルパンというキャラクターが集約されているような気がして、読み返す度に痺れます。

⬆第１クールのアイキャッチ前半パートの１コマ。ルパンがコマを蹴ると回転して飛んでいき、コマの中の場面が切り替わる。アニメーションならではの演出は、『ルパン』にピッタリとハマる。

togekinoko氏 一問一答！

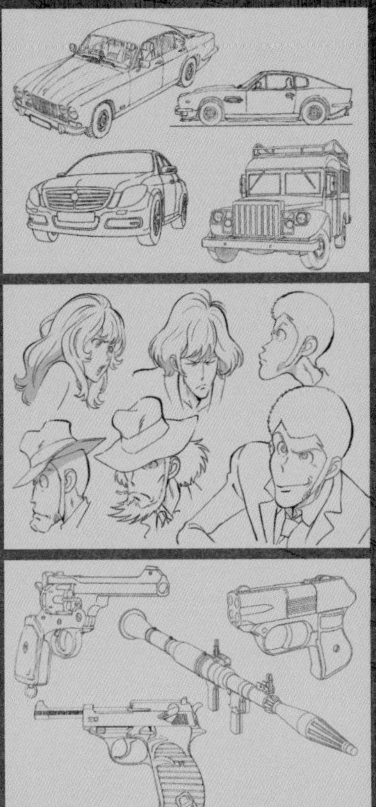

SETTING MATERIALS 設定資料集

ルパンから各クールサブキャラクター、美術や銃器などの設定を公開。『PART6』で使用された設定の数々は、まさしくお宝だ。

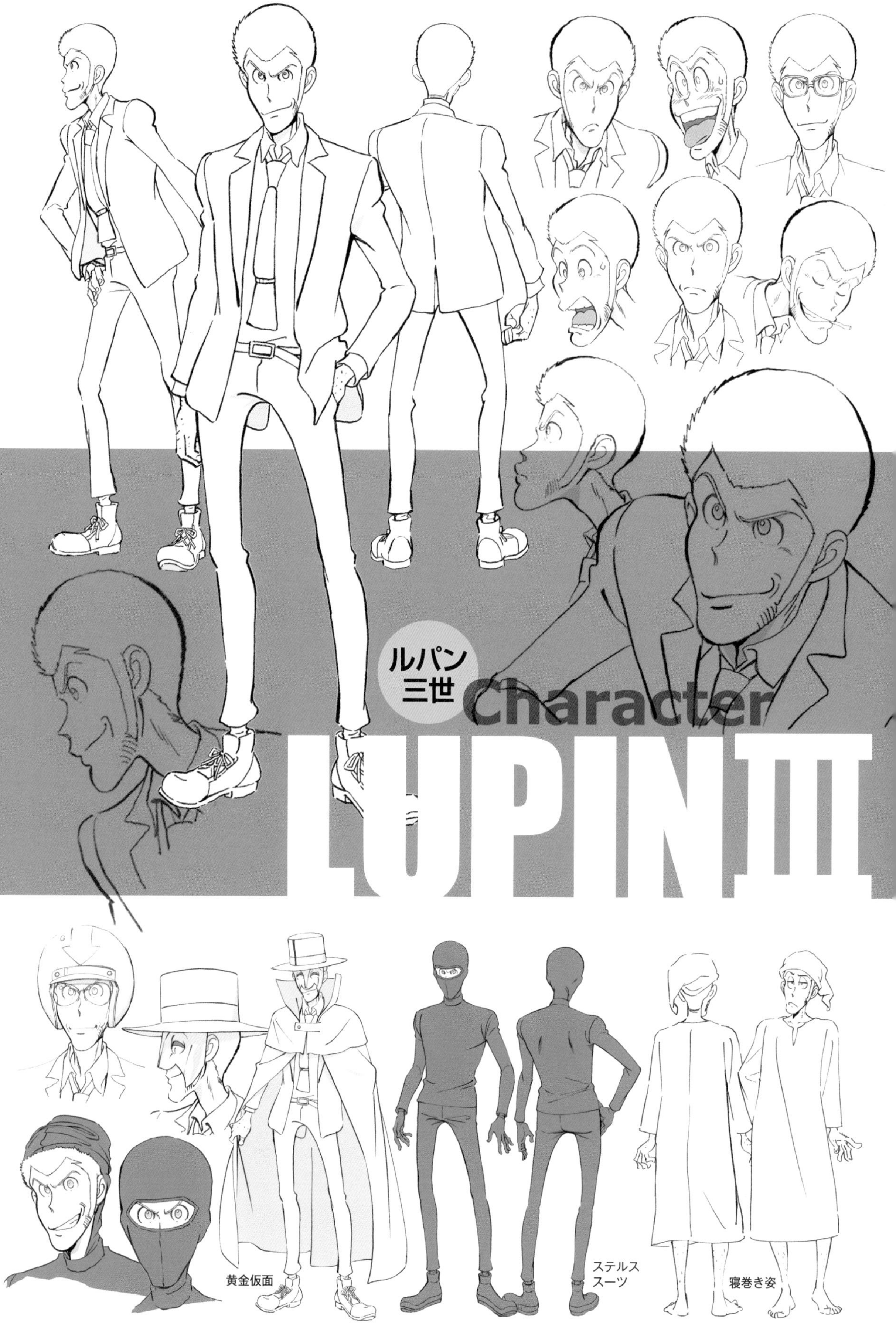
ルパン
三世
Character
LUPIN III
黄金仮面
ステルス
スーツ
寝巻き姿

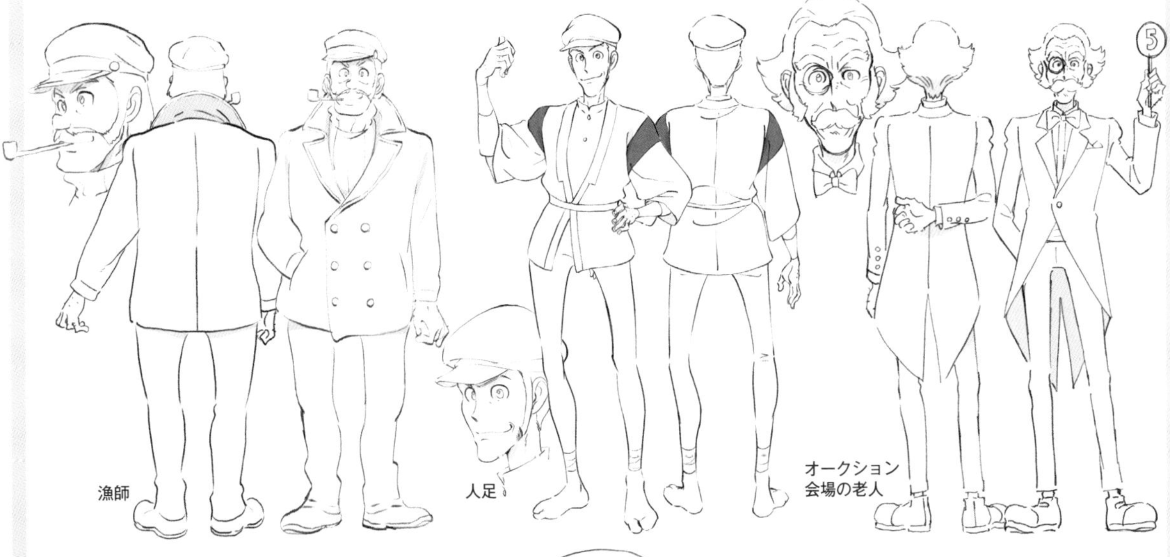
漁師
人足
オークション
会場の老人

変装集
イヌ衣装
愛人衣装

観光客
花屋を
訪れた老人
アラクネ
首相

Character JIGEN

次元
大介
寝巻き姿
負傷姿
漁師

Character GOEMON

石川
五ェ門
ギャング
衣装
ネコ衣装

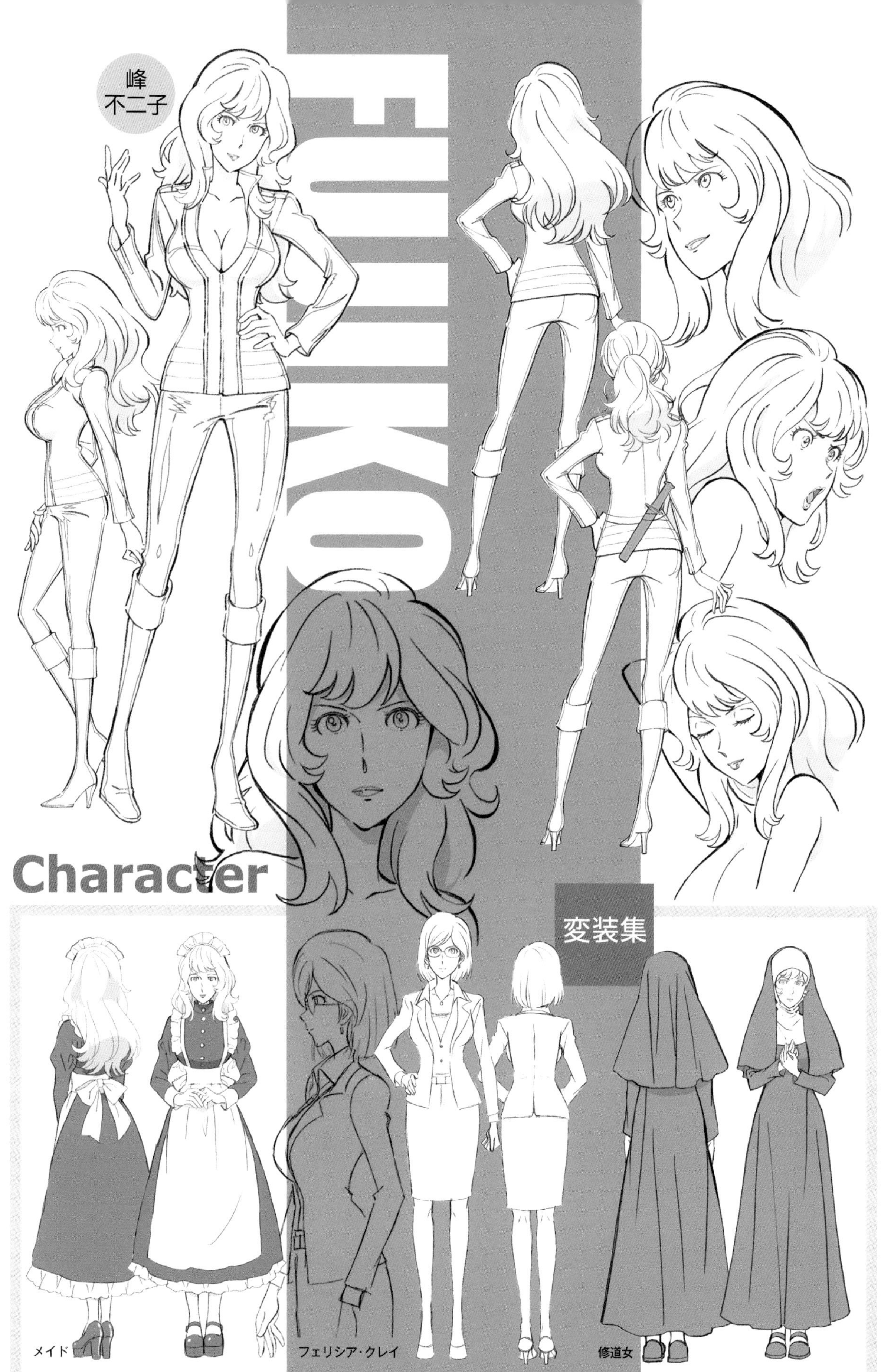
峰
不二子
FUJIKO
Character
変装集
メイド
フェリシア・クレイ
修道女

不二子コーディネート集

オークション
ドレス
下着
マダム
ドレス
きれいな
お姉さん
ライダー
スーツ
ステルス
スーツ
私服
バカンス着
人魚
コート
私服
研究者風

Character
ZENIGATA
銭形
警部
ALBERT
Character
Character
YATAGARASU
八咫烏
五郎
アルベール・
ダンドレジー
フォークナー
の服装
患者衣

サブキャラクター設定

ホームズ
やさぐれ時
リリー
寄宿学校制服
（3年前）
レストレード
パジャマ
4才時
フォークナー
エリオット
ハドソン

第3話
リー＆ダネイ
着ぐるみ
第1話
花屋のバイト
（モリアーティ）
ワトソン
第3話
マーキス
第3話
クイーン警視
第3話
エミ＆両親
第4話
アンドレ・アンダースン
第4話
ウェイトレス
第3話
モートン
第4話
殺し屋たち

サブキャラクター設定

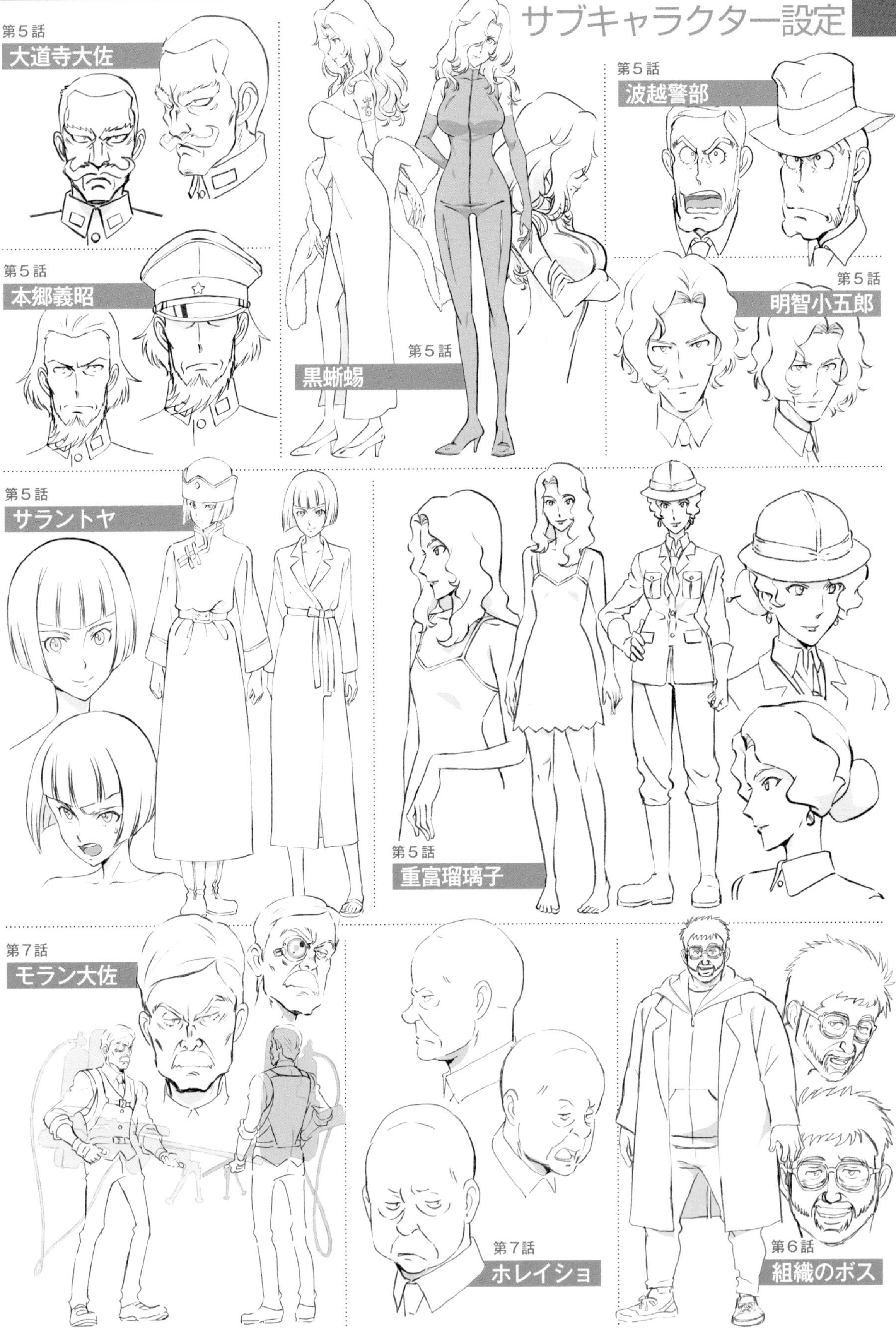
第5話
大道寺大佐
第5話
本郷義昭
第5話
黒蜥蜴
第5話
波越警部
第5話
明智小五郎
第5話
サラントヤ
第5話
重富瑠璃子
第7話
モラン大佐
第7話
ホレイショ
第6話
組織のボス

第8話
ケニー
第7話
覆面の男
第7話
クロスビー親子
第9話
さくらと老婦人
探検服
車イス
プロップ参考
第8話
ブリュートン教師
第8話
ローク
第9話
チェリー
第9話
ジークと桜
第11話
デリック
第11話
アレックス
第10話
ミハイル

マティア

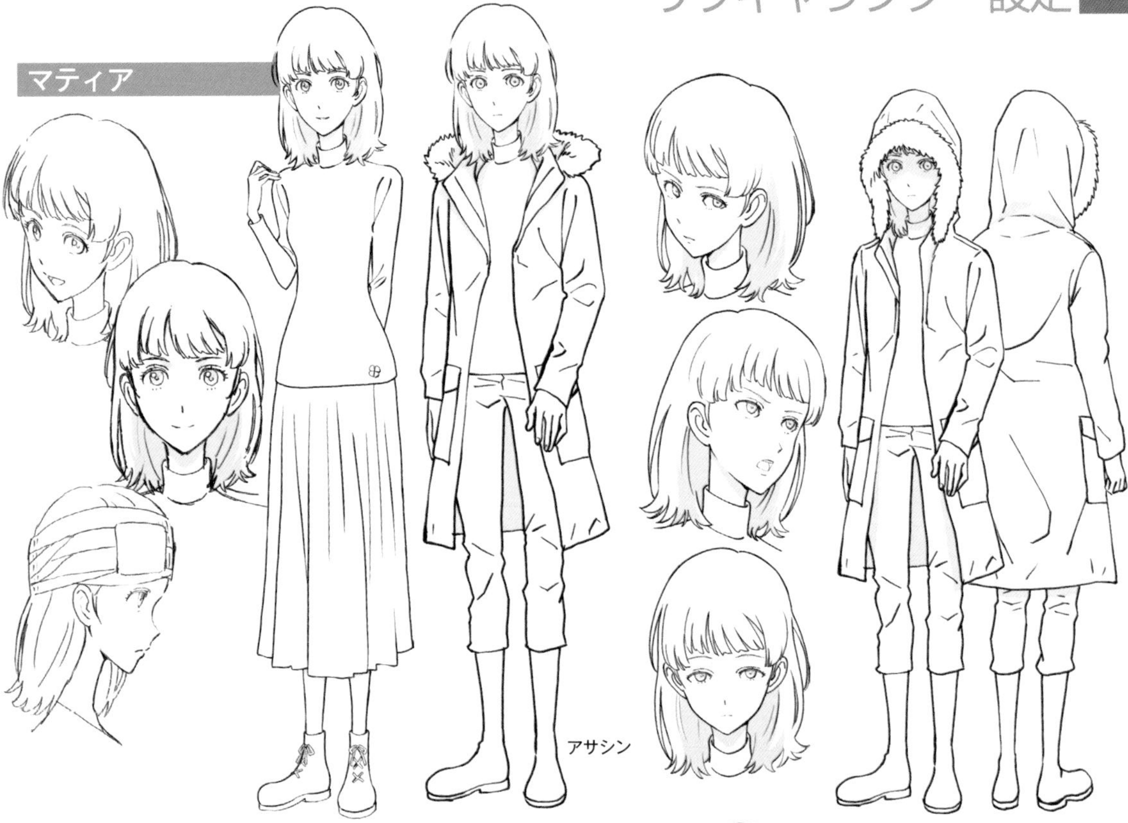
アサシン

アリアンナ

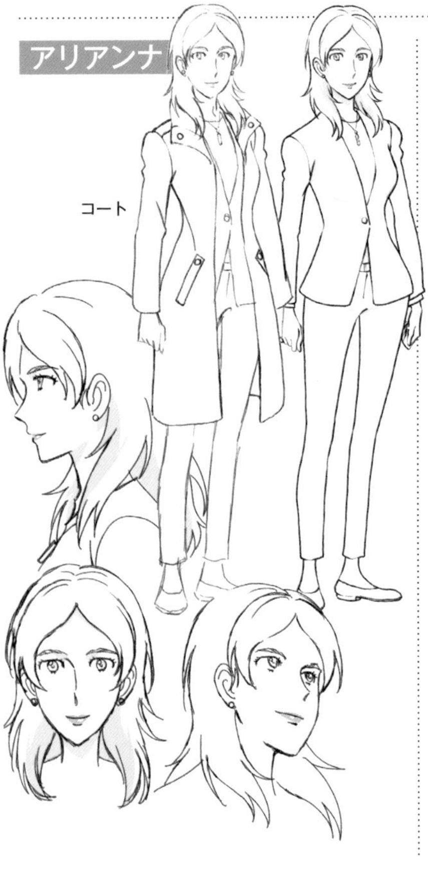
コート

メルセデス

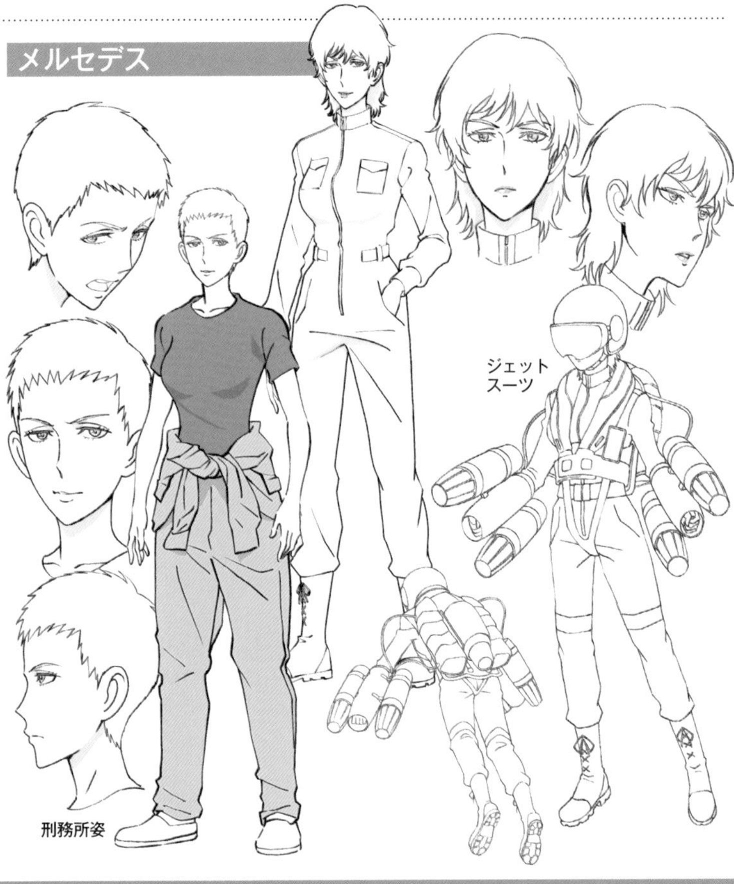
ジェット
スーツ
刑務所姿

第13話

ニコラ&マイロ

トモエ

老人

第15話

ミレーヌ

ウェディング
ドレス
パーティー
ドレス

メイバンクス

第13話

第15話

ジャッカル

牧師

第15話

ローラン

第15話

フェルナン

パーティー
スーツ

サブキャラクター設定

第16話

ギャビー

第15話

セド

第16話

ラガーフェルド

第17話

リンファ

第16話

バスケ&チア

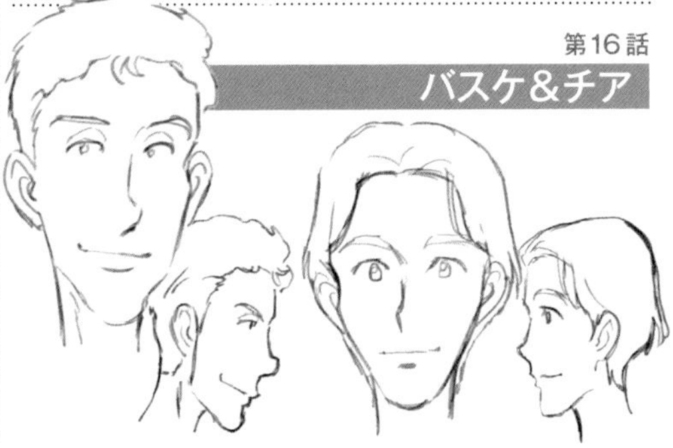

第18話

ルイス

第18話

セリム

第18話

ヘイゼル

第20話
グレイソン

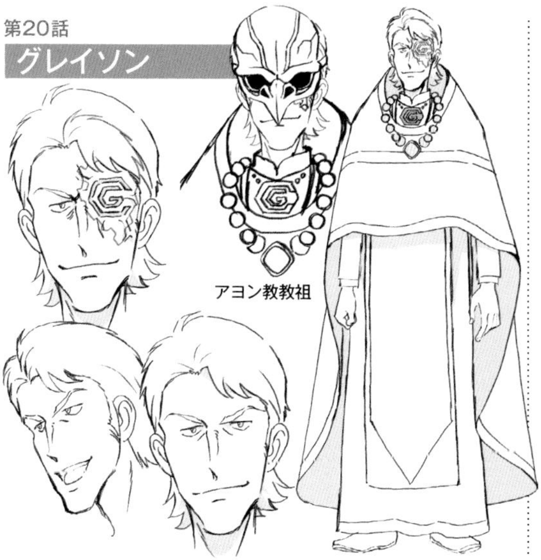
アヨン教教祖

第20話
アメリア

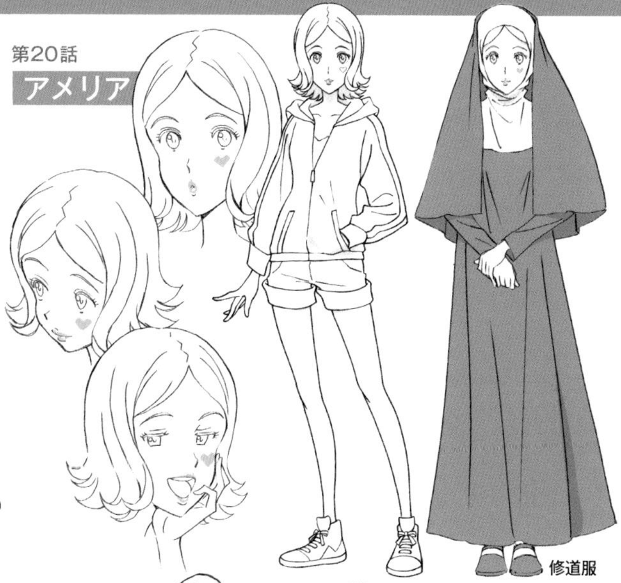
修道服

第22話
フィン

第21話
ムルー

マーメイドハンター&ムルーの母
第21話

第22話
ダニエル

50代
70代

50代
60代

第22話
アンナ

第22話
マリエル

BACK GROUND

美術設定・美術ボード

ルパンのアジト

第13話 リビング

第13話 外観

第13話 外観夜

第13話 ダイニング

第13話 キッチン

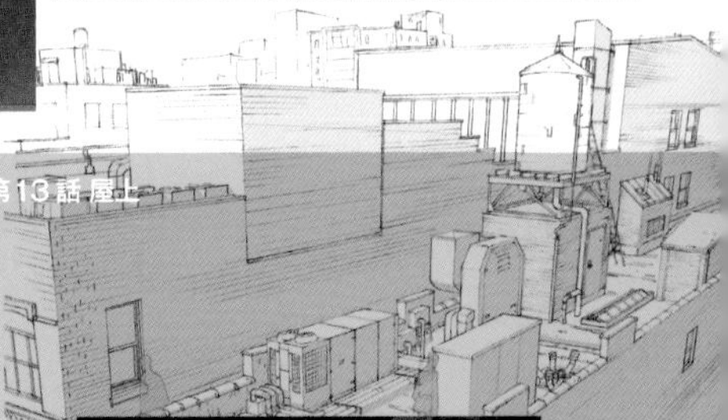
第13話 屋上

第23話 室内

第23話 室内

ルパンの屋敷

第24話 外観

第24話 外観 庭

第23話 リビング

第23話 リビング

第23話 リビング

第24話 屋根からの外観

第24話 宝物庫前

ベーカー街 221B

第1話 外観

リビング
リリーの部屋

第1話 玄関

第1話 ダイニング

第1話 玄関前階段

第1話 ダイニング

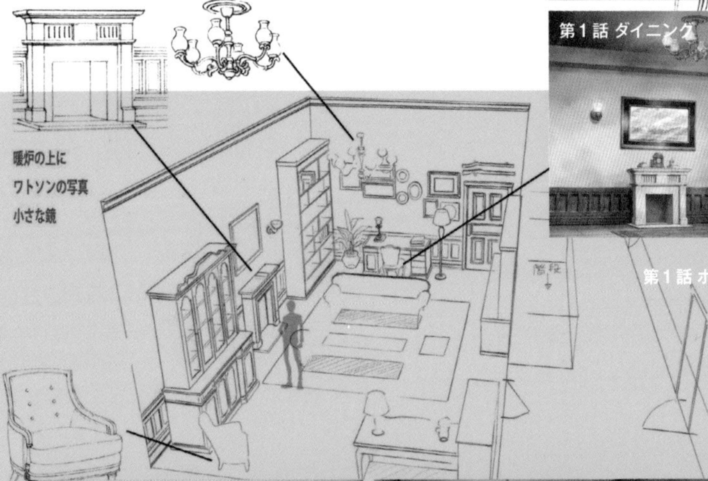

暖炉の上に
ワトソンの写真
小さな鏡
階段

第1話 ホームズのリビング

第1話 リリーの部屋

第1話 リリーの部屋

FLOS FLORIST SHOP

第13話 花屋

第14話 マティアの病室

第13話 オークション会場

第14話 マティアの病室

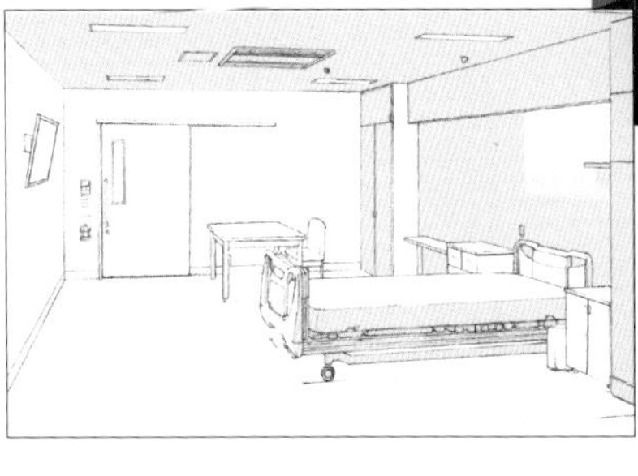

第14話 バンコ・アルバン銀行

第13話 オークション会場

BACK GROUND

美術設定・美術ボード

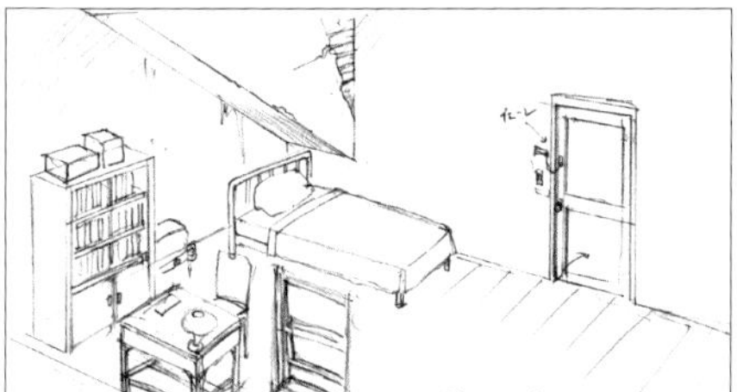

第15話
ミレーヌの安アパート

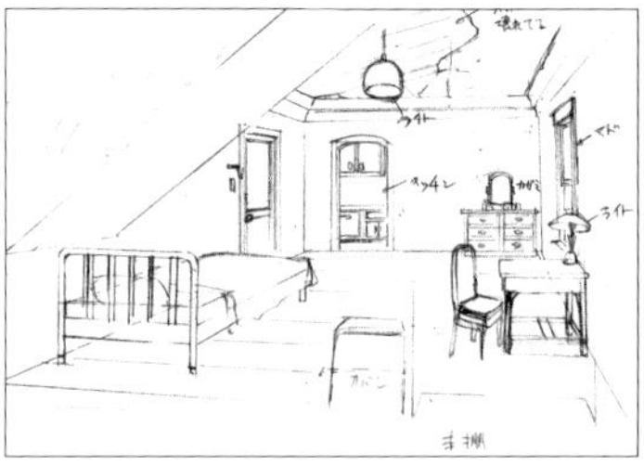

第15話 ミレーヌの安アパート

第14話 エルヴィラのアジト

第15話
ジャッカルのアジト

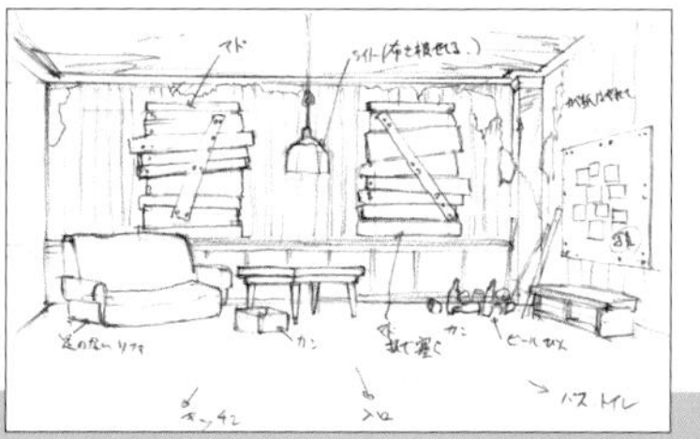

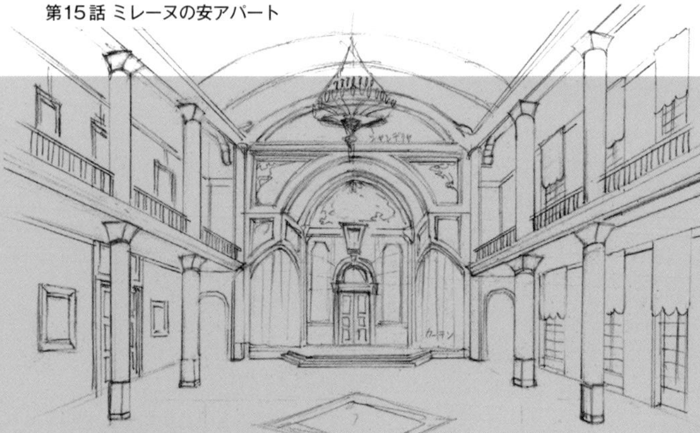

第15話 メーストル家宮殿

第15話
丘の上の教会

第15話 結婚式会場

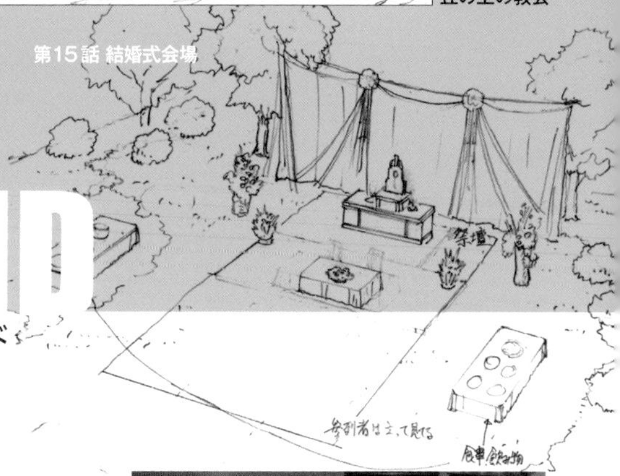

第16話 古城

第16話
ギャビーのスタジオ

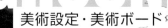

第19話 コトルニカ警察署

第18話 栄和党本部ビル

第20話 グレイソンの書斎

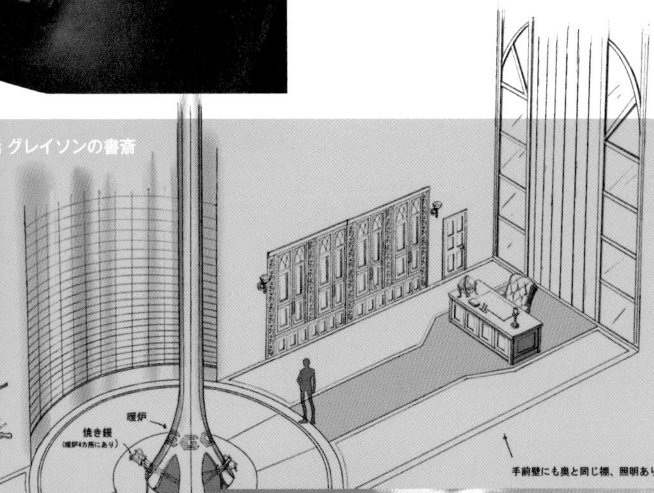

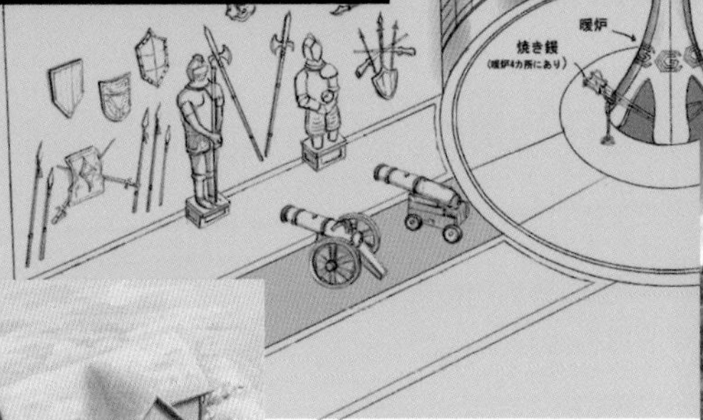

第20話 アトラス島

第22話 シグルドソン家

第21話
ミトン村
オープンカフェ

第21話 ミトン村

第20話
アトラス島大聖堂

銃器・刃物設定

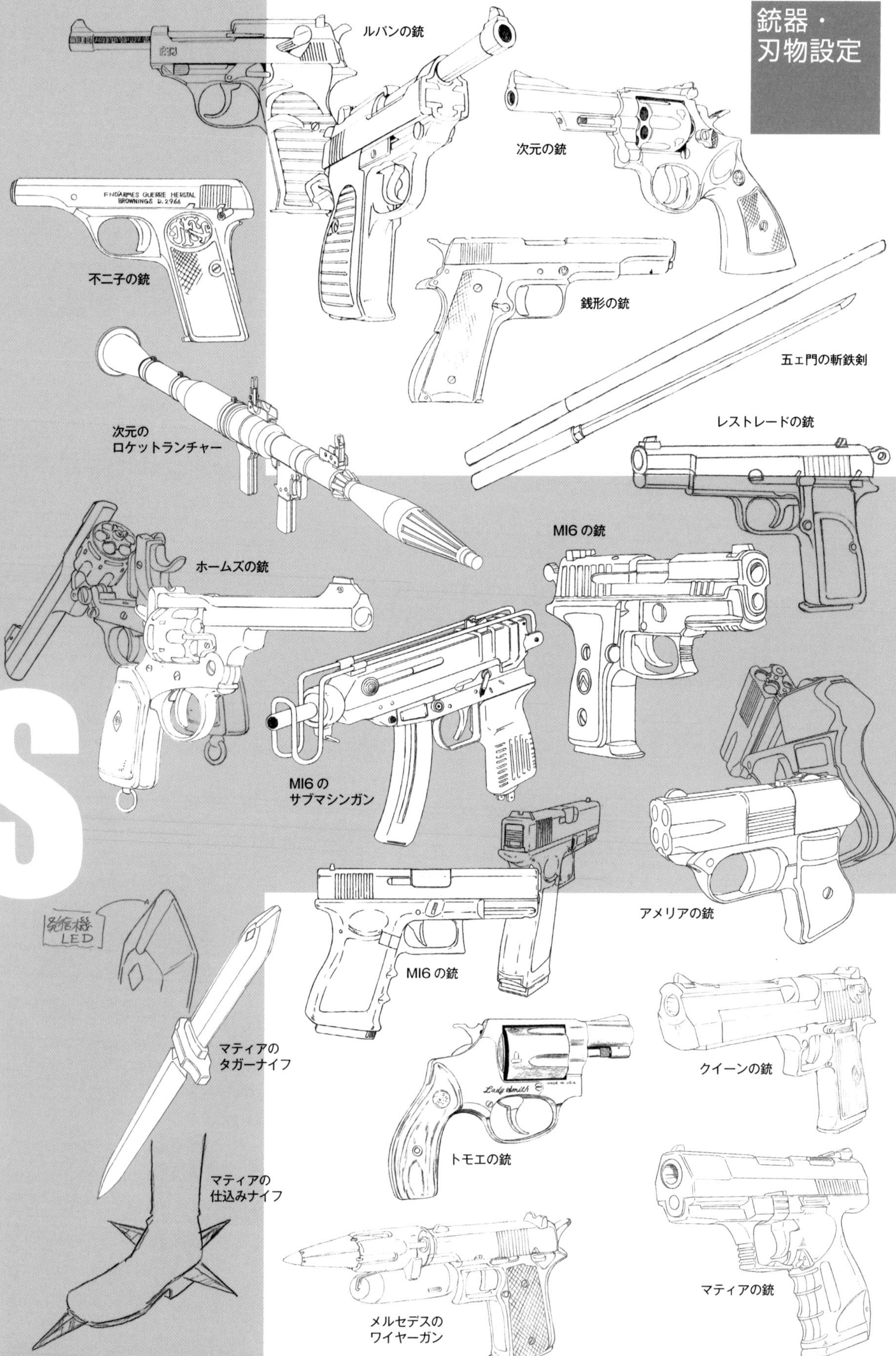
ルパンの銃
次元の銃
ENDARMES GUERRE HERSTAL
BROWNINGS D.2966
不二子の銃
銭形の銃
五ェ門の斬鉄剣
次元の
ロケットランチャー
レストレードの銃
MI6の銃
ホームズの銃
S
MI6の
サブマシンガン
アメリアの銃
発信機
LED
MI6の銃
マティアの
タガーナイフ
クイーンの銃
Lady Smith
トモエの銃
マティアの
仕込みナイフ
マティアの銃
メルセデスの
ワイヤーガン

車両・船舶設定

ルパンの車

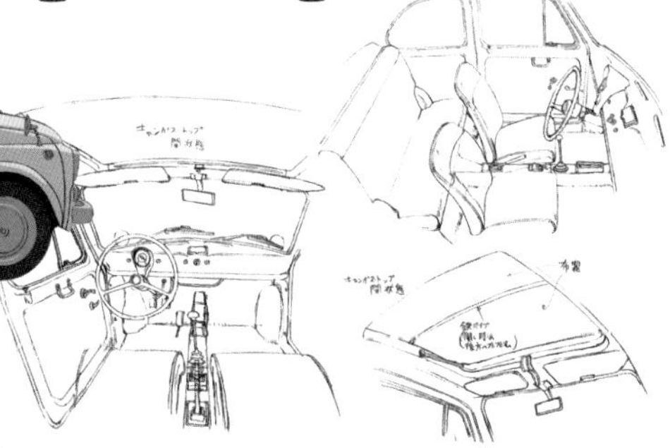

次元の車

OTHER

その他設定

ルパンの漁船

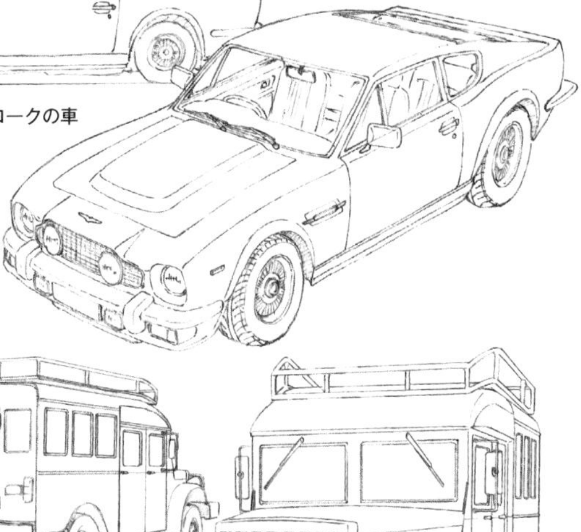

ロークの車

重富の車

ルパンの四駆

OTHERS

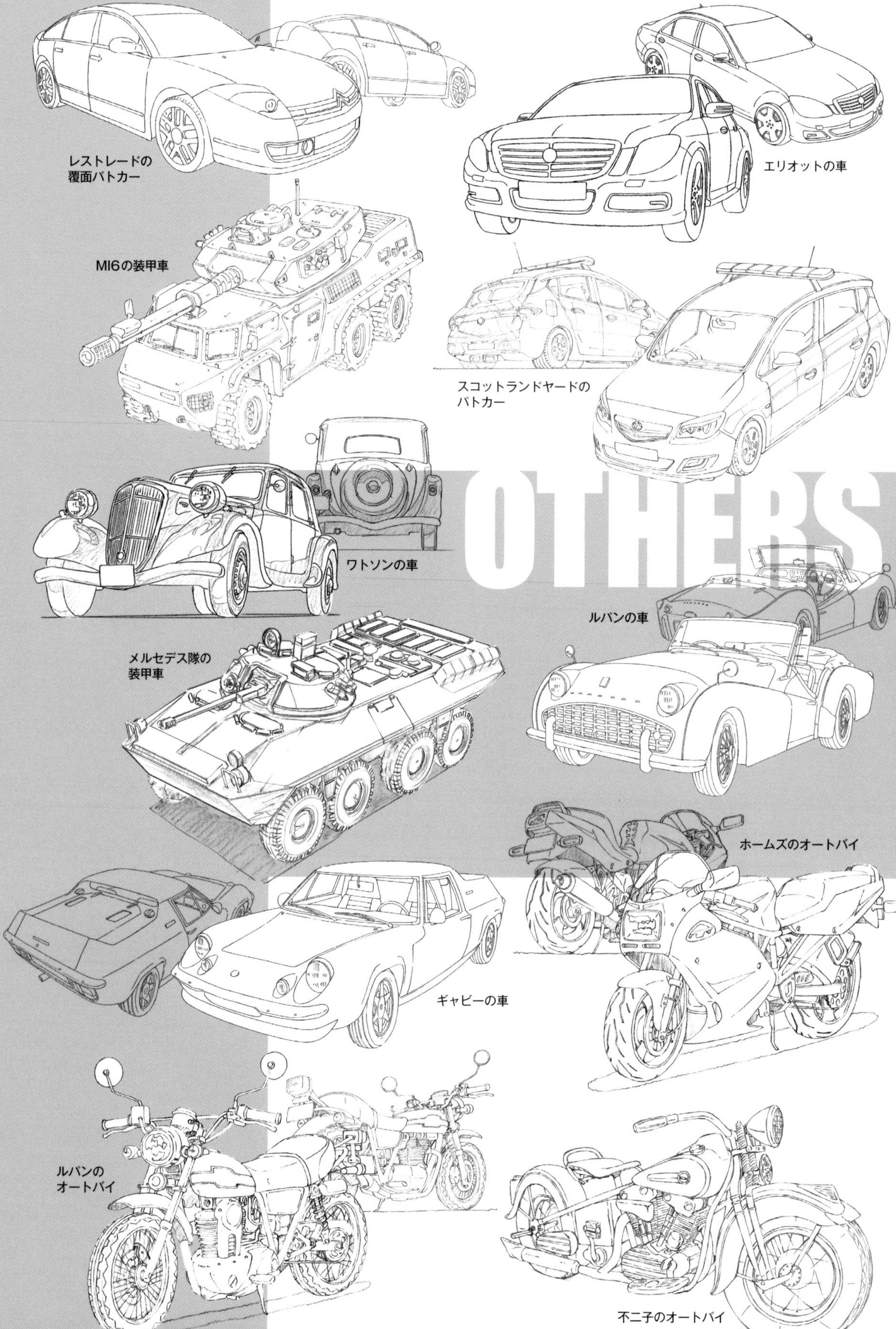

レストレードの
覆面パトカー
エリオットの車
MI6の装甲車
スコットランドヤードの
パトカー
ワトソンの車
ルパンの車
メルセデス隊の
装甲車
ホームズのオートバイ
ギャビーの車
ルパンの
オートバイ
不二子のオートバイ

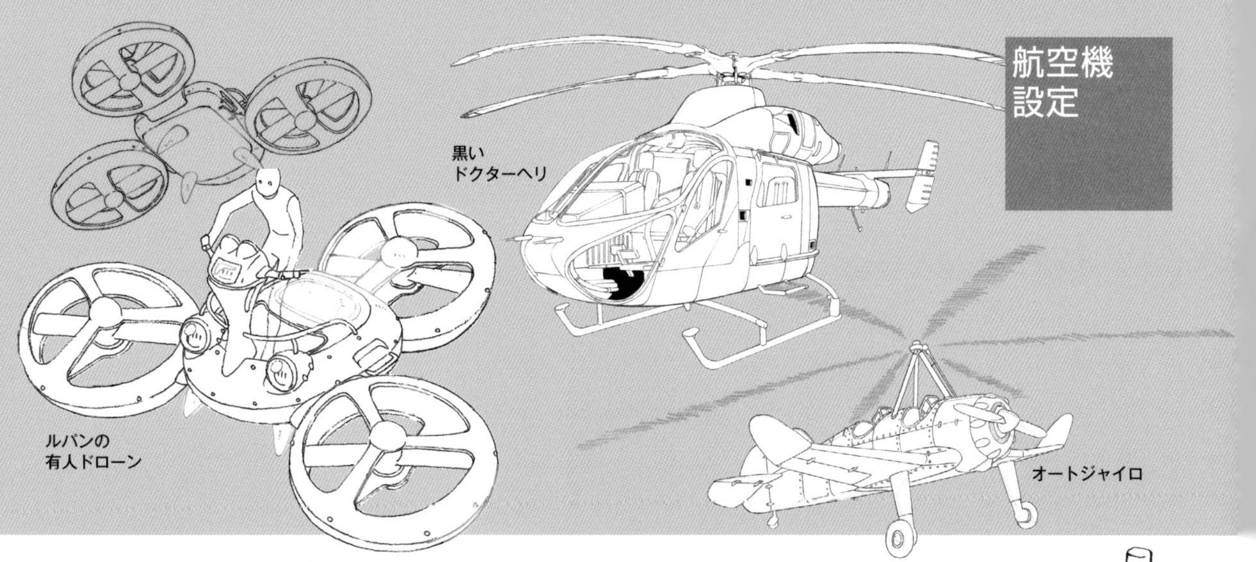
航空機設定
黒い
ドクターヘリ
ルパンの
有人ドローン
オートジャイロ

小物設定
ルパン
タバコ
GITANES
ライター
ルパン家の
宝石
腕時計
スイッチ付き
ライター
次元
ライター
タバコ
Marlbozu
銭形
偵察手帳
SHINSEN
CIGARETTES
タバコ
手錠
その他
こけし
ムルーの
カバン
マルセイユの涙
フォークナーの
指輪
ホームズ
パイプケース
ステッキ
パイプ
マントルピース上の
写真立て

PICK UP!

『PART6』を盛り上げた企画の数々!!

『PART1』の放送開始から50周年を迎えた『ルパン三世』。『PART6』PVや周年を祝うイベントが満載だ！

ルパンファミリーキャラクターPV

ルパン三世
&
次元大介
2021/10/12公開
LUPINⅢ&JIGEN ver.

⬆最強の二人は「相棒」を全面に押し出したPV。ルパンと次元が交互に言葉を交わすやりとりには、期待感しかない。

石川五ェ門、見参
2021/9/15公開
GOEMON ver.

⬆五ェ門のシブさがつめ込まれており、おなじみ「つまらぬものを斬ってしまった」のセリフも。これぞ五ェ門の映像。

峰不二子
2021/9/22公開
FUJIKO ver.

⬆20秒の尺の中で不二子の色気、格好よさ、アクションまで堪能でき、今度はどんな一面を見せてくれるのか胸が高鳴る。

SNS&コラボ企画

Twitterやコラボレーションでも話題を盗んだ『ルパン三世』。
実施された企画の中からピックアップして紹介。詳細は公式サイトへ！

2021/5/26~7/31 Twitter

『PART6』"出演権"プレゼント企画
参加者の中から抽選で5名にアニメ出演権がプレゼントされた。

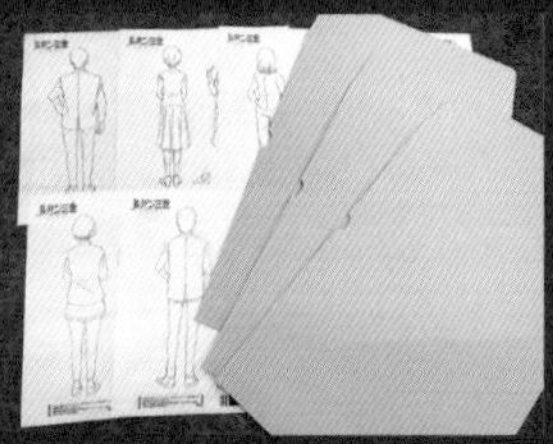

➡当選者5名のキャラクター設定をチラ見せ。

2021/10/9 コラボ

『劇場版 ルパンの娘』"ダブルパン" スペシャルコラボ
お互いのPVを盗み合う特別映像公開。

2021/10/12 Twitter

『劇場版 ルパンの娘』"ダブルパン" プレゼントキャンペーン
参加者の中から抽選で25名に限定クリアファイルがプレゼントされた。

2021/10/22~11/4 Twitter

「アニメ化50周年の祝賀イラスト」プレゼントキャンペーン
参加者の中から抽選で3名に、友永和秀氏によるルパン三世&次元大介の祝賀イラストの複製原画キャンバスがプレゼントされた。
さらにYouTubeでは特別作画動画も公開。
各界著名人からのお祝いコメント&イラストも話題に。

2021/12/14~2022/1/10 Twitter

川柳コンテスト開催
参加者の中から抽選で50名に50周年特製キラキラステッカーがプレゼントされた。

2022/1/8~2/28 Twitter

ファンアートコンテスト開催
参加者の中から最優秀者5名、優秀者30名が選ばれ出演声優サイン色紙や50周年特製キラキラステッカーがプレゼントされた。

2022/2/14 公式サイトほか

3つのバレンタインデー企画を実施
各界で活躍する女性クリエイターたちとコラボした「WOMEN PLAY with LUPIN the 3rd」に加え、Twitterでは2つのリツイートキャンペーンが実施された。

2022/3/11~3/17 Twitter

感想ツイートキャンペーン開催
参加者の中から抽選で50名に1クール目と2クール目のキービジュアルポスターがプレゼントされた。

2022/3/25~3/31 Twitter

「アニメ化50周年オリジナルスタジャン」プレゼントキャンペーン
参加者の中から抽選で20名にオリジナルスタジャンがプレゼントされた。

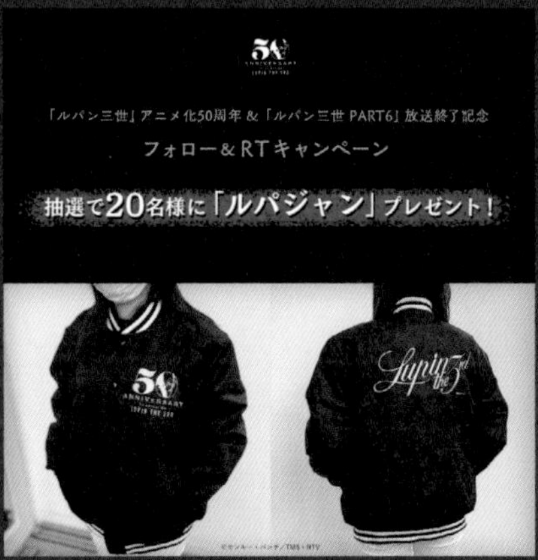
「ルパン三世」アニメ化50周年 &「ルパン三世 PART6」放送終了記念
フォロー＆RTキャンペーン
抽選で20名様に「ルパジャン」プレゼント！

《公式サイト》https://www.lupin-3rd.net/　《公式Twitter》@lupin_anime

スペシャルメッセージ

CAST&STAFF SPECIAL MESSAGE

メイン＆サブキャラクターを演じるキャスト陣とスタッフ陣から、『ルパン三世』への想いや『PART6』を終えての感想をいただいた。

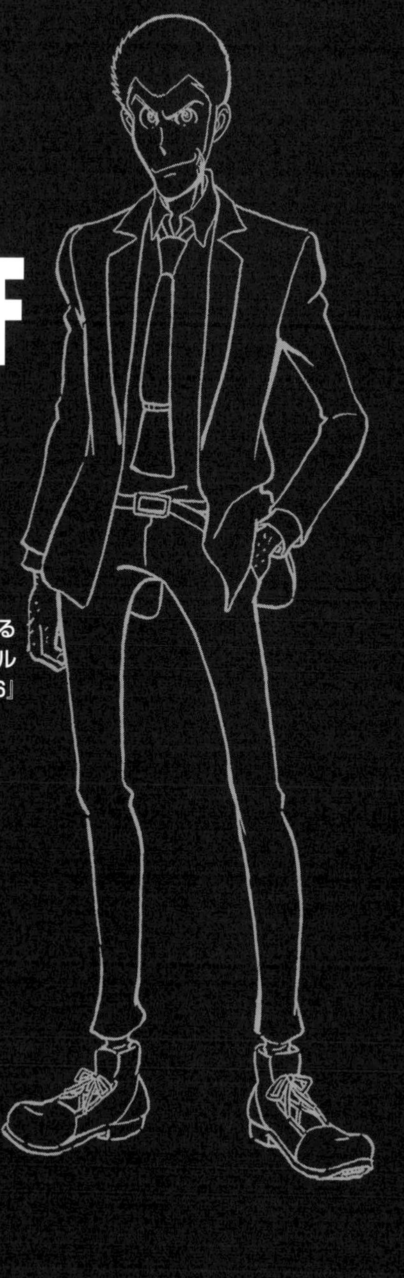

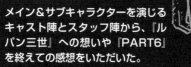

ルパン三世役

CAST MESSAGE

栗田貫一

『ルパン三世 PART6』のメインストーリーについて、収録時と収録後の印象をお聞かせください。Q.

A. コロナ禍の中、収録が無事にできた事に、まずは「感謝」。第1クールはメインストーリーの合間のオムニバスで、一旦呼吸を整えて、またメインストーリーに戻りました。第2クールではオムニバスの本数が減り、ラストへ向けての加速（繋がり？）があった気がします。

栗田さんにとって『PART6』のルパンはどのようなキャラクターだったでしょうか？Q.

A. ホームズと昔から知り合いだったとは自分も知りませんでした。そして、まさかお母さん（実際には違いましたが）が現れるとは思わなかった!!

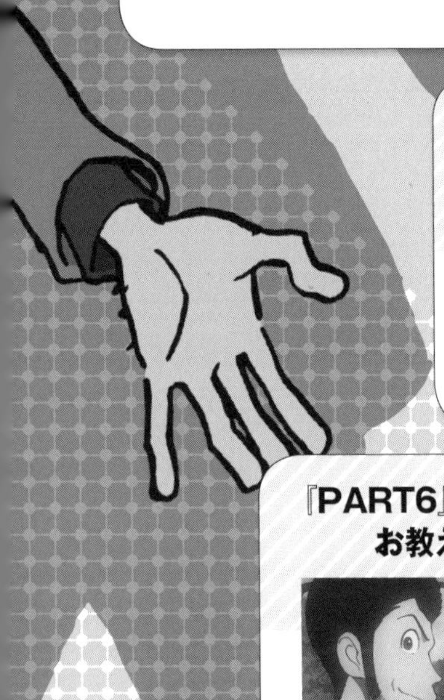

第1クールの最後に登場したモリアーティとの関係や、自身の過去など、まだまだ謎の多いルパンですが、栗田さんが感じているルパンの魅力をお聞かせください。Q.

A. モリアーティはルパンよりも謎が多いみたいなキャラクターでした。色々なルパンを作っていただければ、色んなルパンに挑戦できる。幅が拡がるので僕にとってはそこが魅力です。

『PART6』のルパン三世を演じる上で、新たに意識した部分があれば、お教えください。また、ルパンを演じる上でのやりがいや難しさ、楽しさなどをお聞かせいただければ嬉しいです。Q.

A. 偉大な作品をやらせていただいて、今も昔もプレッシャーは凄くあります。ですが、やっと少しずつですが「できたかな」っていうタイミングがある気がしてきました。本当に、やっとです。

お気に入りのエピソードがあればお聞かせください。Q.

A. 第17話「0.1秒に懸けろ」ですね。コロナ禍のため、役者陣はそれぞれ別録音でした。バラバラで収録したのにオンエアを見たら、一緒に演技して収録したかのような仕上がりになっていて驚きました。役者もスタッフもみんなプロだなって思いましたね！

新たに次元役を演じられた大塚明夫さんの印象についてお聞かせください。Q.

A. 凄すぎる。小林清志さんに対するリスペクトが凄すぎる。ちゃんと「音」でとっている。ものまねとしてやってもいいくらい(笑)。

収録の際、印象に残っているエピソードがあればお聞かせください。Q.

A. さすが、みんなプロ中のプロ。レジェンドが集結しているので、(先の質問でも言いましたが) まるで一緒に収録したみたいに仕上がっている。ほとんど会ってもいなかったのに(笑)。よく作品にしたよね。凄い力だね。

読者のみなさんへメッセージをお願いします。Q.

A. これからも、山田康雄さん、モンキー・パンチ先生へのリスペクトを忘れず、ずっと大事に大切にやっていきます。

栗田貫一 Profile
三木プロダクション所属。東京都生まれ。ものまねタレントの中心的存在として活躍。レパートリーはアイドル歌手から演歌歌手、スポーツ選手と幅広い。ルパンの声は1995年公開の映画『ルパン三世 くたばれ！ノストラダムス』より担当。

次元大介役

大塚明夫

新しく次元大介を演じた『ルパン三世 PART6』のメインストーリーについて、収録時と収録後の印象をお聞かせください。Q.

A. **第1クール** やはり初代の（小林）清志さんのテイストを踏襲すべきだと思ったし、それが求められているから若いとはいえない僕に白羽の矢が立ったのだと考えました。それと必ず「違うよ」という声があがる事も予想していたので「どう演じるか？」というのもいろいろと考えました。そして自分なりに出した結論が「最大公約数の次元大介を演じる」でした。シリーズでいうと『ルパン三世 PART2』や『ルパン三世 PARTⅢ』の頃の次元大介のイメージですね。その頃の清志さんの次元と僕の次元がシンクロしていければ、と思いました。

第2クール 第1クールでの次元大介を演じるのは、とても苦しかったのが正直なところです。ですが第2クールの録音に入る少し前でしたか、清志さんの勇退のコメントが発表されました。その中に「次元は江戸っ子」、音楽で言えば「JAZZにも似ている」といったニュアンスの言葉がありまして、それを拝見して「あ、これだっ!!」と思いました。「江戸っ子」と「JAZZ」を自分なりに「粋である事＝次元大介」だと解釈して、そこからずいぶんと楽になりました。清志さんの言葉に助けられたわけです。具体的に言うと「語尾を引っ張らない」「ダラダラと話さない」といった小気味の良さみたいな部分ですね。「JAZZ」にしてもクラシックのような音楽の本道じゃないし、派手で華やかなスポットライトが当たるわけでもない。でもお洒落で綺麗で格好よくてアダルトな雰囲気がある。そしてジャズの演奏には技術もセンスも必要で、その奏者だからこそ遊べる空気感もいる。この粋な空気感を意識するかしないかで次元の雰囲気が全く変わるのが自分でもわかりました。これらを踏まえて臨んだ第2クールの収録は、ものすごく気持ちが楽になりました。

ご自分の演じた次元大介を映像としてご覧になって、改めて感じた事、思う事はありますでしょうか？Q.

A. オンエアを観て思ったのが（次元の声が）「清志さんじゃないじゃん!!」でした。『ルパン三世 PART1』から夢中で観ていた世代の一人として、次元の声が変わった事は言葉にできないもどかしさがありました。その意味では今でも「清志さんじゃないじゃん!!」と思うし、泣いています。第1クールの頃は、思い返すととにかく無我夢中、暗中模索でもがいて「清志さんだったらどう演じるんだろう？」というところに終始した感があります。

『ルパン三世』という作品全体について、また『PART6』を終えて感じた事があれば教えてください。Q.

A. 「また演じたい！」ですね。僕の中でやっと次元大介が「馴染んできたな」って思えてきたところで最終エピソードの録音を迎えたので、今は「次も演じたい」というのが本心です。初めて演じた当初と比べると、ずいぶんと馴染んでいる感じはしますね。

大塚さんにとって、『PART6』の次元大介はどのようなキャラクターだったでしょうか？ Q.

A. 実在の人物のような感じがしています。「自分は主役じゃない」とわきまえている人でルパンと主導権争いをするような言い方はしないけど、ルパンに危険が迫ったらフォローする責任を負う、それがわかっている人なんです。もちろん「俺は降りるぜ」って突き放したような態度を取る部分もありますが、こっそり見ていて危ない時に助けるような面倒見のいい部分もあって、それが愛らしくもあり、頼りにもなる男ですね。

新しく次元を引き継ぐにあたり、演じる上で意識したことがあればお教えください。また、収録を終えた現時点での、次元大介を演じる難しさや、やりがいについてお聞かせいただければ嬉しいです。 Q.

A. 次元はただでさえ格好いいキャラクターですが、そこに乗って格好よく演じるとルパンの邪魔をしてしまうんです。しゃしゃり出ているように見えてしまうので、アクセルを踏まないでキープするとでも言いましょうか。そこは難しかったですね。それと次元は「清志さんを踏襲する」と自分で決めていた事もあり、その意味では決して演じやすい役ではありません。ただ、そこが逆には「挑んでいるんだ！」という感じでもあり、楽しかったりもした。それが実際のところでした。じつはオンエアが始まって少し経った頃、ネットでファンの声を検索した事がありました。「清志さんの声じゃないから駄目」という声も散見されたのですが、それを見て僕も「わかる!!!」と。いや、もしかしたら僕が一番そう思っているのかもしれないくらいです。清志さんとはいろいろな現場でご一緒させていただいて、特にその中でも次元大介は別格で好きだし、敬意を持っています。なんといっても僕は清志さんの声で育った世代ですからね。「シャザーンだ！　ベムだ！　次元だ!!」（※）という少年時代でしたから。だからこそ躍起になって清志さんの次元大介に近づきたい思いが強いのかもしれないですね。

※「シャザーンだ！　ベムだ！　次元だ!!」　いずれも小林清志氏が演じたキャラクター。シャザーン／1967年に日本で放映されたアメリカ製テレビアニメ『大魔王シャザーン』に登場。ベム／1968年に放映されたテレビアニメ『妖怪人間ベム』の主人公。

各クールで印象に残った、もしくはお気に入りのエピソードがあればお聞かせください。 Q.

A. やはり次元がメインの第8話と第15話ですね。第8話「ラスト・ブレット」のケニーとの車中のやりとりでは、音響スタッフから「少し突き放した芝居を」「次元はもっとぶっきらぼうでいいのでは」といったオーダーがありました。僕はケニーに対して優しすぎる芝居をしていたようで、その突き放しの加減が「次元大介らしさ」でもあるんだなと感じました。それと第15話「祝福の鐘に響けよ、銃声」はセリフは決して多くはないのですが、次元大介像がグイグイと出ていて視聴者にも伝わるような構成でした。この2エピソードは印象に残らざるをえないですね。役から離れて一『ルパン三世』のファンとして言うと、みんなでセキュリティシステムを突破する第17話「0.1秒に懸けろ」が痛快でしたし、第3話「大陸横断鉄道（嘘）の冒険」も良かったですね。いずれも僕がリアルタイムで観ていた頃の雰囲気があって、それはもう楽しかったです。あとは印象に残るというのとは少し違いますが第5～6話「帝都は泥棒の夢を見る」前後篇の本郷少佐は強烈でした。だって次元もまだ馴染んでいない頃なのに、次元として別の役を演じるわけですから。これはハードルが高かった！

読者のみなさんへメッセージをお願いします。 Q.

A. もっともっとシリーズが進んで、それこそ歌舞伎みたく「初代がいい」「いや、自分は○代目がいい」と言いあえるようなコンテンツになっていくと楽しいなと思います。そのためにも先代を踏襲していくのが『ルパン』の作り方なんでしょうね。歌舞伎のような伝統芸能と化していけばいいなと思っています。次元ファンの皆さんには「ごめん!!　俺も違うのはわかってるんだ!!」です。だけど他の誰よりも一生懸命演じるつもりでいます。僕自身の耐用年数がどれくらいあるのかわかりませんが、「もう無理ですね」と言われるまで、もがき続けながらも次元を演じ続けようと思っていますので、これからも是非見てください!!

大塚明夫 Profile
マウスプロモーション所属。東京都生まれ。代表作はアニメ『ブラック・ジャック』シリーズのブラック・ジャック、ゲーム『METAL GEAR SOLID』シリーズのスネーク役など。洋画吹き替えやナレーションでも活躍。

CAST MESSAGE

石川五ェ門役

浪川大輔

『ルパン三世 PART6』のメインストーリーについて、収録時と収録後の印象をお聞かせください。Q.

A.

第1クール ストーリーの軸として、「ミステリー」があり、さらにはシャーロック・ホームズの登場。骨太な印象を受けました。そんな中、ゲスト脚本家の名だたる方々が参戦し、世界観が広がった事にワクワクしました。

第2クール

「女性」をキーワードに、それぞれの話数が独立しているようで、ルパンを通してしっかりとつながっている構成に凄みを感じました。エピソードによってはかなりぶっ飛んだものもあり、『ルパン三世』という作品の懐の深さを改めて実感します。

お気に入りのエピソードがあればお聞かせください。Q.

A. エピソード0の始まりは、様々な感情と愛を体験させて頂きました。また、第2クールの五ェ門のモデル回（第16話）は、今までで一番セリフが多かった気がします…。

『PART6』で、五ェ門の演じ方に変化はありましたか？ Q.

A. いつも通りといえば、いつも通りなのですが、まだ新しい顔があるのでは？ という可能性を感じさせて頂きました。

浪川さんが感じる五ェ門の魅力はどういう点でしょうか。Q.

A. まっすぐだけではない、奇想天外なところはいつも興奮します。五ェ門の魅力を引き出せるよう、もっと精進します！

五ェ門を演じる上でのやりがいや難しさをお聞かせください。Q.

A. 何年たっても、演じる前は調整が必要です。みなさまのイメージする五ェ門はまだぬぐえず、型に入るまでイメージをふくらませています。

新たに次元大介役を演じられた大塚明夫さんの印象はいかがでしたか？Q.

A. さすがでございます。リスペクトとご本人らしさのマリアージュがもう…！　さすがでございます。

収録の際、印象に残っているエピソードがあればお聞かせください。Q.

A. いつも栗田さんが、現場を引っぱっていってくれるので安心します。スタッフも含め、ゲストの方も含め「いいもの」を作る気合がすごいです。

読者のみなさんへメッセージをお願いします。Q.

A. アニメ化50周年にふさわしい、あらゆる挑戦のシリーズだと思います。この先も愛される作品になるよう頑張りますのでよろしくお願い致します！

浪川大輔 Profile
ステイラック所属。東京都出身。主な出演作は「『スター・ウォーズ』シリーズ」アナキン・スカイウォーカー、『ジョジョの奇妙な冒険 ストーンオーシャン』ナルシソ・アナスイなど多数。

CAST MESSAGE

峰不二子役

沢城みゆき

『ルパン三世 PART6』のメインストーリーについて、収録時と収録後の印象をお聞かせください。Q.

A.

第1クール コロナ禍での分散収録となったため、自分の参加していない作品を見るような新鮮さで、オンエアを見ることが出来ました。もちろん各話の内容は知っているわけですが、今回は押井守さんはじめ、それぞれの作家のカラーが強いお話がオムニバスで展開されたため、私には仕上がりの雰囲気が予想できないストーリーばかり…！　本当にワクワク（そしてちょっぴりハラハラ）しながらテレビの前に正座して…というような心持ちで視聴しました。

第2クール 後半は、物理的に出ていない話数も多かったため、放送が始まってから「こんなにたくさんの女性が彩ってくれていたのか…！」と衝撃でした。第15話の次元とミレーヌの話が印象的ですが、ヘイゼルのインディペンデントな姿（第18話）も素敵だったし、リンファ（第17話ほか）にも意表を（笑）つかれました。そしてまさか彼女たちが無関係でなかっただなんて…！

本作でお気に入りの「峰不二子」はどれでしたか？ Q.

A.

上田燿司さん（ミハイル）と二人、濃密な収録時間を過ごした第10話「ダーウィンの鳥」は、この10年で演じた事のない雰囲気の不二子さんでとにかく新鮮でした。「漆黒のダイヤモンド」では、お宝は手に入らなかったけど、ロマンもまあ有りかと結論付けた姿が意外で印象的です。札束のお風呂に入って「幸せー！」と溺れている姿の方がすっかり馴染んでいたんですね（苦笑）。

印象的なゲストキャラクターは？ Q.

A. ゲストを演じられた役者のみなさんにお会いできるチャンスがなかったので、オンエアをとても新鮮に視聴しました。特に後半の女性キャラクターたちは台本を読んだ印象よりも、声が入ってより魅力が増していて、素敵でした。特に不二子の昔の相棒として突如登場したアメリア（CV：潘めぐみ）は、どんなキャラクターになるのか、潘ちゃんの声が入るまで不透明だった部分があるのですが、彼女の好演により、とっても腑に落ちるバディになったと感じています。あんなに同性と長々会話してる不二子さん、なかなか見られないかも？

改めて不二子役として『PART6』を振り返ってのお気持ちはいかがでしょうか。 Q.

A. 今回は、本当に女優・峰不二子という感じで、さまざまな役を演じ分けましたよね…！　役柄もさることながら、個人的には物語の持っている雰囲気、作家性が違うものが毎週代わる代わるやってくるというスピードについていくのが大変でした。でも、目をぱちくり、翻弄されながら過ごした時間はとってもエキサイティングでいい思い出です。ちょっと癖になったかも？？ (笑)

読者のみなさんへメッセージをお願いします。 Q.

A. 『PART6』楽しんでいただけたでしょうか？　今回から、次元のバトンが明夫さんに手渡され、新たな魅力を得て動き出しました。新生『ルパン三世』に改めてご並走いただけたらと思います。期待も込めて！『PART7』で再会できる事を楽しみにしています。

沢城みゆき Profile　青二プロダクション所属。長野県生まれ。代表作は『ゲゲゲの鬼太郎（第6作）』鬼太郎、『HUNTER×HUNTER』クラピカなど多数。

銭形警部役

CAST MESSAGE

山寺宏一

『ルパン三世 PART6』のメインストーリーについて、収録時と収録後の印象をお聞かせください。Q.

A. **第1クール** 台本を頂いた時、まずホームズが登場する事に驚きました。えっ？　時代は？　ホームズは何世？　いろいろ気になりましたが、ロンドンが舞台の本格ミステリーと伺い期待が膨らみました。先のストーリーは知らされず、その都度台本で確認して行くので、レイブンの秘密やワトソン殺しの真犯人については分からないまま、銭形の気持ちで収録出来ました。志村くん（レストレード役・志村知幸）黙っててくれてありがとう！　とにかくホームズが小原（雅人）さんの演技も相まってとても魅力的でした。ルパンですら叶わない相手だと思うくらいでしたが、さすがはルパン。ダークな雰囲気も漂わせながらもホームズを導き、ワトソンの遺言を守るために、真実を暴いて行く姿はめちゃくちゃカッコ良かったです！　父・ワトソンを継ぐ事になるであろうリリーも素敵なキャラクターで、ルパンたちも銭形も彼女に優しいのが良かった。諸星すみれちゃんはやはり天才。オンエアで一度観た方々もホームズエピソードを一気観するとさらに楽しめると思います！

第2クール ルパンのルーツが明らかに？　トモエは何者か？　家庭教師？　母親？　これまで描かれなかった部分に足を踏み入れてしまうのか！　と驚きました。縛られる事を嫌い自由を愛するルパンが誰かに操られるなんて！　キーワードが「女」だけあって登場する女性たちがみんな個性的で素晴らしかったです。特にマティアは、何か裏があるとは思っていましたが、とんでもないスキルの殺し屋とは。その変貌ぶりにビックリしました。清水理沙さんがハマり役！　正体が明らかになるマティアとアリアンナのシーンは、収録時スタジオで聴いていて興奮しました。トモエのルパンに対する執着はあまりに異様で、その洗脳技術も考えるとルパン史に残る化け物キャラと言えるのでは？　深見梨加さん、一柳みるさんの演技も素晴らしかったです。関連性がないと思えた人物が実は繋がっていたのも面白かったです。仲間との絆で主人公が最大の危機を脱するというラストは、ルパンだからこそクールかつ感動的になると思いました！

今作の各クールで印象に残った、もしくはお気に入りのエピソードや場面はありますか？Q.

A. オムニバスストーリーも作家の方々の個性が色濃く出ていて、どれもこれも本当に面白かったです！　昔からお世話になっている押井守さんの2作品も凄かったです。「ダーウィンの鳥」は不思議な緊張感があり、どこまでが現実か分からなくなり、引き込まれました。ミハイル役の上田燿司さんの演技が素晴らしく不二子とのやり取りが見事でした。独特な会話劇から始まる「ダイナーの殺し屋たち」も押井さんならでは。でも残念ながら、どちらも銭形が出てないじゃないですか！　押井さん、次回は銭形メインの話をお願いします。

山寺さんにとって『PART6』の銭形警部はどのようなキャラクターだったでしょうか？八咫烏との関係の変化など、作中の展開を経て感じたことがあればお聞かせください。Q.

A. ルパン逮捕が使命である事はもちろんですが、それ以上に許せない巨悪や卑怯な者に対してはルパンと手を組んででも毅然と立ち向かう。そんな姿が色濃く出たシリーズだったように感じます。対ルパンという意味では、ライバルとも言えるホームズには一目置き、協力者であるはずのレストレードに対しては初めから何かを感じていた(ように見えた)銭形。その鋭い勘はルパンにも負けないと思います。「語られざる事件」でのルパンとの会話にはしびれました。ルパン「真実ってのは強いんだぜ」銭形「俺には一般市民を守る義務がある」という名台詞もありましたが、実はホームズだったというオチが！　孤軍奮闘キャラだった銭形にとって八咫烏の存在は大きく、このシリーズを通して信頼が深まった事は言うまでもありません。命を賭けて頑張ったアリアンナも大切な部下となりましたが、2人のイチャつきを実直な銭形が知ってるのか。色恋には勘が鈍そう。

『PART6』を経て、現在の山寺さんが感じる銭形警部の魅力を教えてください。Q.

A. 前述の質問の冒頭の答えと一部被ってしまいますが…。バカがつくほど実直で、ゆるぎない正義感を持っている。ルパン逮捕への執念は「生きがい」であり「宿命」であり、そして「愛」とも言える。ルパンには、出し抜かれたり利用されたりする事が常だが、不思議な信頼関係すら感じられる。時にコメディリリーフとして扱われるが、捜査官としての実力も、男としての渋さも、人情味も、優しさも兼ね備えている。そんな人物を演じるのはとてつもなく難しいが、だからこそ楽しいのです。

『PART6』での銭形警部を演じるにあたって、新たに意識した部分はあるでしょうか。Q.

A. 今回のシリーズに限らず常に思うのは、監督や脚本、演出によって様々な見せ方が出来るのが『ルパン三世』という作品の魅力であるという事。それでいて、モンキー・パンチ先生が生み出し、先人たちが繋いで来た作品性の核は崩してはならない。であるなら銭形を演じる僕も、しっかりとした芯を持ちながら、各話で求められる演技を的確にしなければと思っています。でも実際は、その場その場で精一杯やってるだけです！

新たに次元役を演じられた大塚明夫さんの印象はいかがでしたか？Q.

A. 偉大なる先輩・小林清志さんから引き継ぐ訳ですから、相当なプレッシャーだったと思います。まさに僕はそうでした。強いリスペクトを抱き、清志さんの絶妙なニュアンスを少しでも再現したいと言っていた明夫さん。第一声から見事な次元でした！　「ラスト・ブレット」の「ガンマンってのはな 職業じゃねぇ 生き方なんだ」という台詞を聴いて、清志さんを引き継げるのは明夫さんしかいなかった事を証明していると感じました。

読者のみなさんへメッセージをお願いします。Q.

A. いつも『ルパン三世』を応援して頂きありがとうございます！　銭形がルパンを追い続けるように、僕も銭形という大役を追い続けて行きます！　これからも宜しくお願いします！

収録の際、印象に残っているエピソードがあればお聞かせください。Q.

A. ゲストに関しては前述の通り、魅力的なキャラクターのオンパレードかつ声優がみなさんどハマり！　これまで収録後ほぼ毎回飲みに行っていた栗田（貫一）さんともなかなか飲みにも行けず、別録りが多く残念でした。オンエアで観てルパンの台詞に何度もしびれ、やっぱり主役はルパンなんだなぁと。先輩の事を語るのはおこがましいのですが、栗田さんのルパンに渋みが増してると感じています。沢山の名台詞がありますが、各クールの最終話「俺の事をお前だと信じてワトソンは眠ったんだ」「こんなもん 肉食えば治るさ」が特に好きです！

山寺宏一 Profile
アクロスエンタテインメント所属。宮城県生まれ。代表作はTVアニメ『かいけつゾロリ』シリーズのゾロリなど。
ディズニーキャラクターのドナルドダック、スティッチなども担当。その他、洋画の吹き替え、ナレーションなどでも活躍。

アルベール・ダンドレジー役 CAST MESSAGE

津田健次郎

『ルパン三世 PART6』での、ご自身の役を演じ終えてのご感想をお聞かせください。Q.

A. 今回も出演出来て光栄です。アルベールは相変わらず演じるのが難しいキャラクターですが、楽しく演じさせて頂きました。

『ルパン三世 PART5』から演じられているアルベールとは、どんなキャラクターでしょうか？　また、今回『PART6』で再び演じるにあたり、意識された事などはありますでしょうか？ Q.

A. クールで皮肉屋ですが実は熱い男、全ての面でとても優秀、そんなキャラクターだと思っています。『PART5』でもそうだったのですが、今回もルパンとの微妙な距離感を意識しました。

ルパンとアルベールは敵対しつつも共闘する事もあるという複雑な関係ですが、二人の関係性についてどのように感じられていますか？　また、シリーズが今後も続いていくとして、二人の関係性は最終的にはどのような決着を迎えると思われますか？ Q.

A. 付かず離れず、お互い認め合っているが反発もする、そんな微妙な距離感の二人ですが、アルベールの方が強くルパンを意識している感じがします。これからもその距離感は変わらないと思いますし、それは最後まで続くのではないでしょうか。ただ、いつか再び正面から対決する時が来る気がします。

これまで演じてこられたアルベールのシーンで、強く印象に残っているエピソードやセリフがあれば、お聞かせください。Q.

A. やはりルパンと共闘するところです。憎まれ口を叩きながらそれでもお互いを認め合っている。そんな二人がタッグを組んで闘うのは演じていても感動がありました。素敵な時間でした。

読者のみなさんへメッセージをお願いします。Q.

A. 『ルパン三世』という素敵な作品でアルベールという魅力的なキャラクターを演じさせて頂ける事を幸福に思います。これからも『ルパン三世』、そしてアルベールを応援して頂けますと幸いです。

今作、１クール目は「ルパン対ホームズ」、２クール目は「ルパンと女性たち」というテーマが描かれていきましたが、印象に残った回やエピソードがあれば、お聞かせください。Q.

A. 今回のシリーズも『ルパン三世』という作品の新たな魅力が生まれたと思います。新しい『ルパン三世』、でもずっと続いてきた『ルパン三世』の魅力もしっかりとある。全体を通して二つの魅力が同居してて、やはりこの作品は凄いなぁと思っていました。そして、大塚明夫さんが次元の魅力を損なう事なく引き継がれて、新たな次元像を生み出された事に感動しました。

津田健次郎 Profile
アンドステア所属。大阪府生まれ。
代表作は『呪術廻戦』七海建人役、『極主夫道』龍役、『テルマエ・ロマエ ノヴァエ』ルシウス・モデストゥス役など多数。

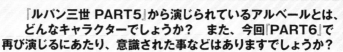

CAST MESSAGE

八咫烏五郎役

島﨑信長

『ルパン三世 PART6』で、ご自身の役を演じ終えてのご感想をお聞かせください。Q.

A. 何より、『PART5』から引き続き、八咫烏五郎を演じさせていただけて、とても嬉しく光栄でした。最終回にも声はありませんでしたが、銭形警部の隣にしっかりと八咫烏がいて嬉しかったです。

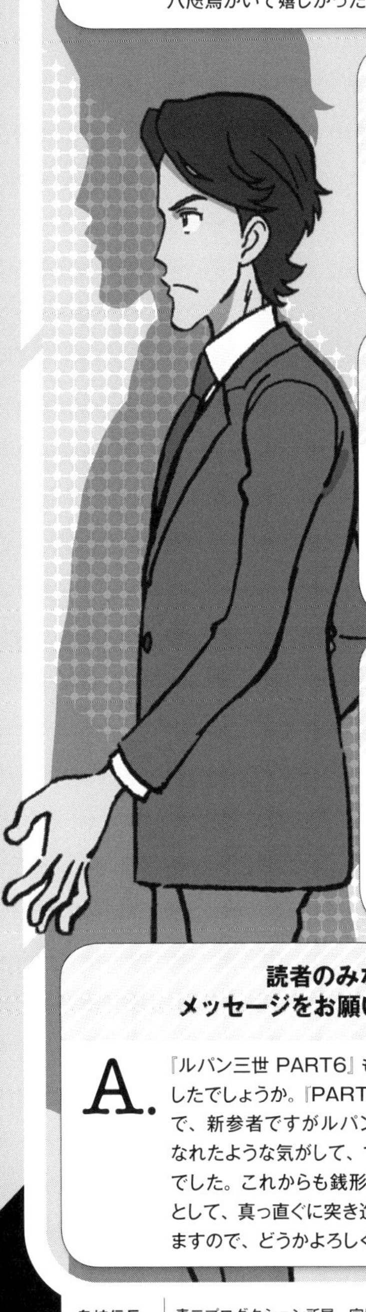

『PART6』では、新たに銭形の頼れる部下としての一面も見られましたが、八咫烏というキャラクターの魅力についてお聞かせください。また、今作で八咫烏を演じる際に気をつけられた点があれば、お聞かせください。Q.

A. いつも一所懸命で将来有望だけどまだ発展途上、という八咫烏五郎が隣にいるからこそ、銭形警部が本来持っている能力の高さや経験の重みがはっきり見えてくるというのは誇らしいです。さらに『PART6』からは、八咫烏五郎自身の人間性やドラマもどんどん見えるようになって来て、本当に光栄です。

銭形警部のもとで経験を積むことで、八咫烏はどんな成長を遂げ、どんな捜査官になっていくと思われますか？　また、シリーズが今後も続いていくとして、彼のどのような活躍を見てみたいですか？Q.

A. やたは正義感溢れる真っ直ぐな男で、そこが良いところでもあるのですが、きっと銭形警部の背中を見て、その真っ直ぐさを持ち続けながらも清濁併せ持つ優秀な捜査官になっていくのではないかと思います。これは本当にいつか、これからも積み重ね続けたその先の話ですが、銭形警部と一時的に対立するようなところまで彼が至る事ができたら、感無量です。

今作では新たに銭形サイドにアリアンナも加わり、より「チーム感」が増してきたと思います。アリアンナとの関係も含め、三人のやりとりの中で印象に残っているシーンやセリフがあれば、お聞かせください。Q.

A. やはり19話は何もかもが印象的です。八咫烏がメインと言って良い回だと思うのですが、まさかアリアンナと共に『ルパン三世』の一つの話数を任せていただけるとは。やたとアリーも銭形警部が捕まってしまって自分たちがやらねば！　という気持ちでしたが、僕自身の心持ちもそこに重なるものがありました。銭形警部を助ける事ができて本当に嬉しかったです。

読者のみなさんへメッセージをお願いします。Q.

A. 『ルパン三世 PART6』もお楽しみいただけましたでしょうか。『PART5』から続投という事で、新参者ですがルパンファミリーの一員になれたような気がして、すごく幸せなシリーズでした。これからも銭形警部を尊敬する部下として、真っ直ぐに突き進んでいきたいと思いますので、どうかよろしくお願い致します！

今作、1クール目は「ルパン対ホームズ」、2クール目は「ルパンと女性たち」というテーマが描かれていきましたが、印象に残った回やエピソードがあれば、お聞かせください。Q.

A. 『PART6』は、もうド頭の1、2話から、あのシャーロック・ホームズが…!?　と驚かされました。そしてホームズの強い事強い事。あんなに優秀な頭脳を持ちながら、戦闘力も行動力も判断力もズバ抜けていて、こんな相手にルパンたちはどう立ち向かうんだとワクワクしました。

島﨑信長 Profile

青二プロダクション所属。宮城県生まれ。
代表作は『バキ』範馬刃牙役、『Fate/Grand Order』藤丸立香役、『ソードアート・オンライン アリシゼーション』ユージオ役など多数。

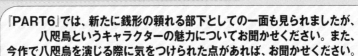

CAST MESSAGE

ホームズ役

小原雅人

『ルパン三世 PART6』で、ご自身の役を演じ終えてのご感想をお聞かせください。Q.

A. 菅沼さん、大倉さん始め『ルパン三世 PART6』製作委員会の強力なバックアップとご尽力、そして音響監督・清水洋史さんの適格なアドバイスと水先案内で何とか録り終える事が出来ました。登場の際の膨大な台詞量に圧倒された事、自身とはまるでかけ離れた天才シャーロック・ホームズ役を果して凡才に務まるのかと言う強烈なプレッシャーに押し潰されそうになりながら毎回収録に臨んでいたと言うのが正直なところです。とにかく今は、安堵の気持ちしかありません。

演じられたキャラクターの魅力について、お聞かせください。また、ルパンと同等に世界的に有名であるシャーロック・ホームズというキャラクターを演じる上で、気をつけられた点、工夫された点があれば、お聞かせください。Q.

A. 今作のホームズは原作とは大きく乖離したものであり、なんとも庶民派で人望が厚く変人とは程遠い人物で描かれています。英国全土の土を採取保管するという行為一つとってもこれは情報収集の一環であり、ありとあらゆる知識を得て分析し磐石の態勢を整え常に冷静に時には冷徹に相手を理論でねじ伏せ、事件解決へと導きます。更にフェミニストであり非の打ちどころのない人間性、英国紳士の決して下品にならない少し野性味も感じられる高貴なイメージだけは意識した様に思います。

ホームズはルパンをどう評価し、どういう感情を持っていると思われますか？ 単純な敵対関係ではない二人の関係性についてのお考えをお聞かせください。Q.

A. 「守ってばかりじゃ前に進めない」。ワトソンの死と誤解、墓場で一流の探偵が一流の悪党に諭される。ホームズとルパンの関係性。陰陽道の世界観にも捉えられるかもしれません。陰（マイナス）のホームズ、陽（プラス）のルパン、この二人の組み合わせで生成される相互作用、共闘によって一連の事件が解決した事。只管《ひたすら》にリリーを護るホームズ、死に際にワトソンに託された必死の願いを守り続けたルパンの10年、ホームズにその役割を譲り渡すルパンは男としても器としても一枚上手である。この演出には感銘を受けました。

リリー、レストレードなど、ホームズサイドのキャラクターとのやり取りで、強く印象に残っているシーンやセリフがあれば、お聞かせください。Q.

A. 第7話、何気ない日常の学校からの帰り道、レストレードとリリーの台詞のやり取りがBGMも相まってか非常に印象に残っています。レストレードの「諮問《しもん》探偵の名声より家族としてリリーを守る事のほうが大事だったのさ」という台詞は、私自身、子を持つ親としてどこか無意識のうちに自身と重ね合わせてみてしまっている部分があり心に残っています。

読者のみなさんへメッセージをお願いします。Q.

A. この度は『ルパン三世 PART6』をご覧頂きまして本当にありがとうございました。誰も彼もが出演出来る訳ではない作品に、諮問《しもん》探偵シャーロック・ホームズ役として参加出来たことはこの上ない喜びでありその上、次元大介役のバトンタッチという歴史的瞬間を目の当たりに出来た事はファンのみならず私自身も心が震えました。この先も連綿と続くであろう『ルパン三世』シリーズの栄光と、そしてファンの皆様のご多幸を心よりお祈り申し上げます。

本作の収録で印象に残ったエピソードがあればお聞かせください。Q.

A. 緊張の初回収録時、待機場所の3階からスタッフに呼ばれて地下のブースに向かうと、待合室にポツリンと大塚明夫さんがお座りになっていました。一瞬、「？」と思ったのですが本番前で余裕のなかった私は挨拶だけしてブースに入り、きっと隣のブースでの収録か何かだろうとこの時は思っていました。何せ次元案件はトップシークレットで何も聞かされていない訳です。確かキャスト表にも小林清志さんとしかクレジットされていなかったと記憶しています。自身のその鈍感力、知った時の驚き、その後の納得でありました。

小原雅人 Profile

アクセント所属。東京都生まれ。
ベン・アフレックやマシュー・マコノヒーの吹き替えを担当。ＴＶドラマや映画、舞台等にも出演作多数。

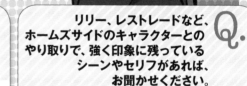

CAST MESSAGE

リリー役

諸星すみれ

『ルパン三世 PART6』で、ご自身の役を演じ終えてのご感想をお聞かせください。 Q.

A. 先の見えない展開が続き、私自身様々な驚きがある中で演じていたので、アフレコ開始から終了まであっという間だったように感じます。（1クール目の）最終回ではリリーの成長が見られ、ホームズとの関係性にも良い変化があった事が嬉しかったです。

リリーは、少女らしい快活さや自身の過去や記憶に関する不安など、感情の変化が多かったキャラクターだと思いますが、演じて楽しかった部分、大変だった部分などについてお聞かせください。 Q.

A. リリーの色々な表情が見られたのはとても楽しかったです。リリーは自分の意志をしっかり持って行動する子なのですが、そういった部分に気を取られすぎると演技が大人っぽくなってしまったり、逆に駄々っ子のように幼くなってしまったりしました。基本的な事ですが、どんな時も気丈で健気な少女らしさを大切に演じることを心がけていました。

ルパン、ホームズといった「ビッグネーム」に関わる重要な役でしたが、この両キャラクターに対する諸星さんの印象はどのようなものですか？ Q.

A. ルパンもホームズも、大人の余裕があるキャラクターだなと感じます。お調子者でおっちょこちょいなところもあるルパンとクールで冷静沈着なホームズは正反対のようですが、二人が事件について同時に話しているところなどを見ると、実はすごく相性がいいんじゃないかなと思いました。

ホームズ、レストレードなど、ホームズサイドのキャラクターとのやり取りで、強く印象に残っているシーンやセリフがあれば、お聞かせください。 Q.

A. リリーがホームズの事を心から信頼している事がわかるシーンは印象に残っています。ベッドの上でリリーがホームズに夢の話をしているシーンや、フォークナー卿の部屋で爆発が起きたあとのシーンなど、ホームズの「大丈夫」の一言でリリーの不安な表情が和らいだりするのを見ると、本当の親子のようだなと感じました。

読者のみなさんへメッセージをお願いします。 Q.

A. 最終回までご視聴いただきありがとうございました。『ルパン三世』シリーズに出演させていただけたこと、あらためて光栄な事だと感じています。これからも引き続き、『ルパン三世』の世界を楽しんでください。

今作、1クール目は「ルパン対ホームズ」、2クール目は「ルパンと女性たち」というテーマが描かれていきましたが、印象に残った回やエピソードがあれば、お聞かせください。 Q.

A. ケニーがリリーの身代わりをするエピソードが好きでした。ハラハラする展開ではありましたが、ケニーの素直な性格や次元とのやり取りに、どこかきゅんとするような、心温まるような感覚になりました。

諸星すみれ Profile
劇団ひまわり所属。
代表作は『アイカツ！』シリーズ 星宮いちご役、『約束のネバーランド』エマ役等、出演作多数。

CAST MESSAGE

マティア役

清水理沙

『ルパン三世 PART6』で、ご自身の役を演じ終えてのご感想をお聞かせください。Q.

A. 私にとってはTVスペシャルの「血の刻印」以来、10年ぶりの『ルパン』でしたので、再び出演できてとても嬉しかったです。放送が終わった今改めて振り返ると、マティアを演じさせていただき、本当に光栄な事だったなと思っております。実に学びの多い現場でした。栗田さんはじめキャストのみなさん、菅沼監督、音響監督の清水さん、スタッフの皆さんに感謝でいっぱいです。

演じられたキャラクター、マティアの魅力について、お聞かせください。Q.

A. 登場時は可憐で心優しい女性、後半ではクールな殺し屋。ギャップがある二面性と、時々ゾッとする一言をルパンに言ったりして、何を考えているかわからない、ミステリアスな雰囲気があったところも魅力ですね。マティアは色々な表情があり難しい場面もありましたが、とてもやりがいがあり、私の心にしっかりと刻まれたキャラクターです。このあとどういう人生をマティアが歩んでいくのか、想像を巡らせてしまいますね。

マティアに関しては、物語の終盤で視聴者を驚かせるような展開がありましたが、初登場のタイミングから、後の展開については知らされていたのでしょうか？Q.

A. はい、そうでした！　マティア初登場の収録の時に、実は殺し屋ですと監督と清水さんから聞きまして、とても驚きました(笑)。「過去からの招待状」の台本を読んだ時、『ルパン三世』には欠かせないヒロインらしさを求められているのかもと思いながら現場へ行ったので、全く想像をしていませんでした…。純真無垢なマティアがどう変化していくのか、わくわくしたのと同時にプレッシャーも感じました。

初登場時のお芝居については、どのような点を気をつけられましたか？また、途中で彼女の正体が明らかになって以降、演じ分けについて気を付けられた事をお聞かせください。Q.

A. 初登場の時は、花屋で健気に頑張る純粋なマティアを。頭を負傷してからは自分自身を取り戻しますが、中盤では今までの純粋なマティアをわざと演じているんですよね。そして最後には殺し屋として本性をさらけ出す。その三つのポイントを念頭に置きながら、マティアという一人の女性として成立するように、元々ある可愛らしさの中にだんだんと冷たい印象や、恐ろしさが垣間見えるといいなと思いながら演じました。

読者のみなさんへメッセージをお願いします。Q.

A. 『ルパン三世 PART6』、最後までご覧くださりありがとうございました。アニメ化50周年という記念すべき作品に参加できた事を感謝すると同時に、これからもずっと続いていく彼らの物語を、私もファンの皆様と共に見続けたいと思います。

今作、1クール目は「ルパン対ホームズ」、2クール目は「ルパンと女性たち」というテーマが描かれていきましたが、印象に残った回やエピソードがあれば、お聞かせください。Q.

A. シリーズを通して、やはり最終回が一番印象に残っています。トモエの歪んだ愛の怖さや、マティアの怒り狂ったシーンの中に、最終回にふさわしくルパンたちのクールな信頼関係が際立ちました。カッコいいし、憧れますよね。個人的にはラストでルパンと対峙できた事に、役者としての幸せを感じます。実は私が小学生の頃、学校が終わったら急いで帰宅し、『ルパン三世』の再放送を食い入るように見ていたんです！　その頃の自分に、後々ルパンと対決するんだよと教えてあげたいです。

清水理沙 Profile

アクセント所属。神奈川県生まれ。
代表作は『デリシャスパーティ♡プリキュア』芙羽ここね/キュアスパイシー役。映画や海外ドラマの吹き替えも出演作多数。

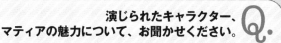

CAST MESSAGE

トモエ役

深見梨加

『ルパン三世 PART6』で、ご自身の役を演じ終えてのご感想をお聞かせください。 Q.

A. ルパンの生い立ちに関われた事で、とても感慨深い作品となりました。

演じられたキャラクター、トモエの魅力について、お聞かせください。 Q.

A. 思い出の中のトモエは愛情深く、カッコよく、しかしどこまでも哀しさをまとっているところが、人間的な色気や魅力になっていったのかなぁ…。

トモエは謎の多い、ミステリアスなキャラクターでした。このような、視聴者にもとらえどころのない、謎を残し続ける役を演じる際の難しさ、演じる際に気を付けられている事など、お聞かせください。 Q.

A. 心を揺れ動かしつつも、それを表に出さないよう、おさえておさえて演じました。ただ低いトーンで話すだけだと棒読みになってしまい、雰囲気だけになってしまうので揺れる心をおさえる事で、悲哀やミステリアスなエネルギーを醸し出せたらと心掛けました。

トモエはルパンを育てた母のような存在としてだけでなく、作中の多くの女性キャラクターに影響を与えたキャラクターですが、黒幕的な存在感を出すために、お芝居で工夫された事、または演じられて楽しかった事などがあれば、お聞かせください。 Q.

A. つい、優しく接したくなる場面で、あえて厳しさを前面に出すようにしていました。こうしたおさえた役作りの楽しさは、最近ようやく感じられるようになってきた気がします。

読者のみなさんへメッセージをお願いします。 Q.

A. ルパンの人間味を益々感じられるこのシリーズ。新たなキャラクターも交えたエピソードを、『ルパン三世』という作品の一部として、愛していただけましたら幸いです。

今作、1クール目は「ルパン対ホームズ」、2クール目は「ルパンと女性たち」というテーマが描かれていきましたが、印象に残った回やエピソードがあれば、お聞かせください。 Q.

A. 印象深いシーンは、ルパンとトモエで、声を合わせて詩を諳んじた過去のシーン。別々の収録だったのですが、オンエアでは声が揃っていて気持ちよかったです。

深見梨加 Profile
フリーランス。埼玉県生まれ。
代表作は『美少女戦士セーラームーン』愛野美奈子/セーラーヴィーナス役。ナレーションや、洋画や海外ドラマの吹き替えにも出演作多数。

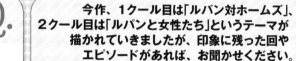

キャラクターデザイン 丸藤広貴

Q1 『ルパン三世 PART6』の制作を終えての感想をお聞かせください。

とにかくキャラ数が多くて、バタバタしながら本編のキャラ監修（総作監のようなもの）をしていたので、あっという間の出来事でした。

Q2 第1クールでのゲスト作家が書かれた人物のデザインにおいて、どんな部分に気をつけられたのかお聞かせください。

ここぞというキャラクターには菅沼監督からのデザインメモがあったので、こちらもシナリオと絵コンテを読み込み、その描写に活きるデザインを心がけました。

Q3 第2クールでは様々な職業の女性が登場しますが、デザインの際にどのようなディレクションがあったのかお聞かせください。

シナリオと照らし合わせながら、さらにはキャラクターのイメージ用に写真参考を出していただき、それらをアレンジして組み立てていきました。単体では良くても、他女性キャラやルパンたちと並べるとまたバランスが変わってくるので、そのバランス調整を細かく行いました。

Q4 本シリーズに携わって感じた、『ルパン三世』の魅力を教えてください。

ルパンファミリーはどのようなストーリーや設定においても、それを生き生きと熟《こな》して魅せてしまう凄い奴等なんだなー、と思いました。

Q5 読者のみなさんへメッセージをお願いします。

『PART6』を観てくださり、そして楽しんでくださり、ありがとうございました。魅力的なシナリオに負けないよう、キャラクターのデザインを中心にお仕事させていただきました。1クール目、2クール目とそれぞれ好きなシーンやキャラを、視聴者の方々に聞いてみたいです！　今回、新たなルパンが追加されましたが、数あるルパンの一つとしてこれからもよろしくお願いします!!

Profile 1973年生まれ。埼玉県出身。作画監督やキャラクターデザインを務めるアニメーター。キャラクターデザインの代表作は、『アクエリオンEVOL』（2012年）、『ノブナガ・ザ・フール』（2014年）、『劇場版ポケットモンスター ココ』（2020年）など。総作画監督としての代表作は『甲鉄城のカバネリ』（2016年）、『劇場版 マクロスF 恋離飛翼～サヨナラノツバサ～』（2011年）など。

監督 菅沼栄治

Q1 『ルパン三世 PART6』の制作を終えての感想をお聞かせください。

第1クール 『ルパン三世』の人物像はオフィシャルで定められた“知らなかった設定”も少なくなくて、それを学ぶのはとても刺激的でした。その一方で、シャーロック・ホームズの人物像を今回の物語用に作り込む作業に参加できた事も、とても刺激的でした。脚本家の人数が多く、それぞれが特番話数を組めるくらい濃密で個性的な方々でしたので、シリーズ物としてのバラつきが出過ぎないように設定や生活感には注意を払いました。

第2クール 諸事情により、千明孝一さんにエピソードディレクター、辻初樹さんにクリエイティブディレクターをお願いしました。1クール目は脚本がバラエティ豊かでしたが、2クール目は脚本陣が少数精鋭なぶん、演出面でバラエティ豊かになったのではないかと思っています。大倉崇裕さん、村越繁さん御両名には、この場をお借りして感謝の意を表したいです。

ルパン三世のルーツにまつわる物語は、アニメ化50周年を飾るにふさわしい魅力的な題材だったのではないかと思いますので、これまでに積み重ねられた作品群からヒントを得たオマージュカットや設定などを想定しました。

Q2 お気に入り、または特に印象に残っているお話や場面があればお教えください。

第1クール ルパンたちやホームズたちは既存のイメージが存在するキャラクターで、唯一人リリーのみがオリジナルキャラクターでした。そんな彼女の人物像を構築してゆくのは楽しかったです。欲を言えば、ホームズとリリーの日常をもっと描きたかったですね。各話に散りばめた端役のキャラにもそれぞれ狙いやコンセプトがあり、特に深掘りしてみたかったのはアルベールの部下の“片目が隠れた男”で、几帳面で神経質な悪党をイメージしました。

第2クール トモエの教え子たちです。ビジュアル面も性格付けも豊かに仕上がっており、それぞれに個々の人生が感じられました。しかし、トモエに関しては最後まで謎の存在とせねばならず、彼女の狂気を表すのに十分な時間を用意できなかったのが惜しまれます。ルパンがトモエの呪縛に飲まれそうになるイメージシーンでは、本作初期に発表されたティザー画像をモチーフとしている場面もあり、気づいた方がいらっしゃったら嬉しいです。

Q3 本シリーズに携わって感じた、『ルパン三世』の魅力を教えてください。

『PART1』～『PART5』、劇場版やTVスペシャルと、どの作品を観てきたかによって、受け取り側のイメージに微妙な異なりが出る事が興味深かったです。でもそれら全てが『ルパン三世』であり、懐の広さと深さが作品の魅力となっているのではないかと思います。『PART6』のテーマの一つに“原点回帰”があり、映像的には旧作をオマージュした部分もありますが、単なるノスタルジーだけではなく、それを通じて“レイブン”や“幼少期”の時代の積み重ねを感じられたら…という狙いもありました。

Q4 読者のみなさんへメッセージをお願いします。

『PART6』というルパンの旅は終着しましたが、彼らの歴史はまだまだ続くと信じています。僕もファンの一人として気長に待ちたいと思います。それまでは初期作から近年作までを含めて語り継いでいってくださったら幸いです。ご覧になってくださった全ての皆様、ありがとうございました。

Profile 1964年生まれ。千葉県出身。作画監督を中心に、監督や演出、キャラデザインを手がける。初監督作品はビデオ作品『Ninja者』（1996年）。監督としての代表作は『ロード オブ ヴァーミリオン 紅蓮の王』（2018年）、『B-PROJECT ～鼓動＊アンビシャス～』（2016年）、『カーニヴァル』（2013年）、など。キャラクターデザインとして『MAZE☆爆熱時空』（1998年）、『Get Ride! アムドライバー』（2004年）を手がける。

第13話～第24話
シリーズ構成

村越 繁

Q1 『ルパン三世 PART6』の制作を終えての感想をお聞かせください。

まず何より、この長く愛され続けている作品に参加させて頂けたことが光栄でした。これまで多岐のジャンルに渡るさまざまなエピソードが生み出されてきた中で、“果たしてどんな『ルパン三世』にチャレンジできるのか?”を考え続けるのは、並々ならぬ重圧との戦いでありながらも幸せな時間でした。

Q2 第2クールは様々な女性が物語を盛り上げましたが、女性をテーマにした理由、花言葉をキーワードにされた理由をお聞かせください。

女性というテーマは、企画当初からすでに決まっていました。私の役割は、その提示されたテーマから、どのような女性の物語にするかを考えるところからスタートしています。花言葉をキーワードに選んだのは、ヒロインごとにそれぞれの花のイメージを持たせられる点、詩的でありながら、馴染み深く理解して頂きやすい点などが理由です。

Q3 お気に入りの、または特に印象に残っているお話や場面があればお教えください。

第1クール

第7話の墓場のシーンがとても印象に残っています。ルパンと銭形のやりとりも好きですし、実は銭形がホームズの変装だったという事、それをルパンが知っていたという事など、二人の実力や関係性が見えるシーンは個人的にグッと気持ちが高まりました。

第2クール

ルパン一味の日常シーン全般が印象に残っています
やはりルパン、次元、五ェ門、不二子の関係性は作品の大きな魅力ですから。今回はメインストーリーを担当させて頂いた事もあり、なかなか書く事が難しかったのですが、最終話ラストのような、ルパン一味や銭形とのコミカルなやりとりはとにかく好きです。

Q4 読者のみなさんへメッセージをお願いします。

この度は『ルパン三世 PART6』をご覧いただき、本当にありがとうございました。『ルパン三世』という作品は、あらゆるジャンルのストーリーが成立する、懐深い作品だと思っています。今後もあらゆるジャンルの物語の中でルパン、次元、五ェ門、不二子、銭形が縦横無尽に暴れ回るはずです。これから先、どんなルパンたちに出会えるのか、一緒にわくわくしながら待ちましょう……!

Profile 映画美学校の脚本コースに入学し、脚本家・村井さだゆき氏に師事。村井氏がシリーズ構成を手がけるTVアニメ『シドニアの騎士』(2014年)で、アニメ脚本家としてデビュー。シリーズ構成を務めた作品に『ゾンビランドサガ』(2018年)、『かつて神だった獣たちへ』(2019年)、『群れなせ!シートン学園』(2020年)、『体操ザムライ』(2020年)、『ゾンビランドサガ リベンジ』(2021年)など。

第1話～第12話
シリーズ構成

大倉崇裕

Q1 『ルパン三世 PART6』の制作を終えての感想をお聞かせください。

自分も観て育ったルパン三世という国民的キャラクターをお預かりしていたわけですので、とにかくホッとしました。作品に関わっていた間はとにかく刺激的で、よい経験をさせていただいたと思っています。改めて『ルパン三世』に感謝しています。

Q2 様々な作家さんが書かれた『ルパン三世』を繋ぐ上で面白かった部分、大変だった部分を教えてください。

面白かった部分と聞かれると、全てと答えたくなりますが…、脚本が送られてきて、初めて読んだ時のドキドキは忘れられません。私自身はひたすら楽しかったのですが、尺の問題など、監督はじめスタッフの皆様には大変な思いをさせてしまったかもしれません。

Q3 お気に入りの、または特に印象に残っているお話や場面があればお教えください。

第1クール

自分の書いたものの中では、第1話のラストで、リリーとルパンが目を合わせるシーンです。あそこで、“これは最後までいけるな”という手応えを掴みました。第7話の墓地のシーンも、何人かの方に誉めていただけたりして、一人、舞い上がっておりました。

第2クール

第20話での、不二子の相棒・アメリアの登場も魅力的でしたが、やはり、第23話のルパンと銭形、次元、五ェ門たちの対決に痺れました。こういうシチュエーションはなかなかないですし、ヒリヒリとする緊張感が伝わってきて、惚れ惚れしました。

Q4 読者のみなさんへメッセージをお願いします。

『ルパン三世』という作品は、これからもずっと続いていくと思います。そのバトンを次に手渡せたかなという思いを、一抹の寂しさと共に感じています。『PART6』を応援してくださった皆様、本当にありがとうございました。

Profile 1968年生まれ。京都府出身の小説家。97年、『三人目の幽霊』で第4回創元推理短編賞佳作を受賞。98年には『ツール&ストール』で第20回小説推理新人賞を受賞。『福家警部補』シリーズは、テレビドラマ化されるなど人気を博す。また2017年公開の映画『名探偵コナン から紅の恋歌』の脚本を担当し、18年には『ルパン三世 PART 5』でも脚本を執筆。代表作に『白戸修』シリーズ、『警視庁いきもの係』シリーズなど多数。

大倉崇裕&湊かなえ

SPECIAL 対談

『ルパン三世 PART6』第1クールにシリーズ構成・脚本として参加された大倉崇裕氏、脚本で参加された湊かなえ氏。ミステリー作家として著名なお二人に、『ルパン三世』について、大いに語っていただいた。

⬆左が大倉氏、右が湊氏。コロナ禍の事もあり、お二人の対談はZoomで行われた。

——本日は、お忙しい中、Zoom対談にご参加いただきまして誠にありがとうございます。

『ルパン三世 PART6』第1クールの小説家の皆さんによる脚本の回、大変楽しく拝見させていただきました。その前に、お二人は共に「小説推理新人賞」を受賞され弊社からデビューされておられます。また、現在は「小説推理新人賞」の選考委員でもご一緒されていますが、これまでに交流はございましたか?

大倉 いや、新人賞選考会——Zoomでしたが、その時が「はじめまして」だったと記憶しています。

湊 はい、私も出版関係のパーティーなどもほとんど出席しないので…。

——では今回が、実質「はじめまして」という感じですね。

大倉 そうなんです。だから、そうだ、すみません! 申し遅れましたが、湊さん、改めまして『ルパン三世 PART6』ありがとうございました、本当に。

湊 こちらこそ。参加させてもらってありがとうございました。関西での放送(湊氏は兵庫県在住)は一週間遅れの金曜日でしたが、ちょうど第1クールの最終回の2話連続を年明けの放送で観ました。最後まで面白かったです。

ルパン三世との出会い

——今回は大倉さんが「シリーズ構成」と脚本(第1、2、7、11、12話)を担当、湊さんが第9話を担当されました。お二人にとっての『ルパン三世』との出会いを教えていただけますか?

大倉 私が観始めたのは『PART2』からなんです、『ルパン三世』の。赤いジャケットを着始めた頃の。一番長く続いたシリーズです。ちょうど中学生ぐらいの時に京都に住んでいたんですけれど、昼の12時から1時まで2本立てで…日曜日だったと記憶しています。家でずっと観ていました。番組も、最終回までいくとまた1話に戻る、みたいに、長い期間放送されていましたので、繰り返し観ていましたね。『PART1』はビデオソフトであとから観ましたから、やはり私にとっては『PART2』の印象がすごく強いです。『PART2』はバラエティに富んでいていろんな話があるんですけれど、やっぱりルパン三世がカッコいいんですよね。

湊 ええ、わかります。

大倉 ルパンは間抜けなところはあるんだけど、最後はなんだかんだいって全部持っていってしまいますよね。お宝を盗んでも、いろいろな人を助けたりするので、泥棒や悪党というよりはヒーローというイメージが強い。それもあって今回の1クール目は「ミステリー」というテーマにして、ルパンに名探偵的な役割を持たせて、ちょっとヒロイックに描いてみたかったんです。

——湊さんはいかがですか?

湊 私も『ルパン三世』といえば、『PART2』です。1973年生まれなんですけれど、小学生の時に、いつから始まったかわからないくらい…私は広島県出身なんですが、うちの地域では夕方に『ルパン三世 PART2』と『一休さん』をやっていて。それこそもうエンドレスで再放送している感じでした。小学校から帰ったら、大体宿題が終わった頃に——17時くらいですかね、『ルパン』と『一休さん』を観るというのが定番のコースでした。

大倉 すごい組み合わせですね(笑)。

「泥棒や悪党というよりはヒーローというイメージが強い」(大倉)

湊　そうなんです。夕方といえば『ルパン』と『一休さん』(笑)。で、『PART1』の再放送は夏休みの朝にやっていたというイメージがあります。子供だったので、比べながら観ると、冷酷だったりクールだったりした『PART1』は、ちょっと怖いなと思っていました。

そんな感じだったので『PART2』にある小ネタ的な回がすごく好きで…。斬鉄剣を盗まれた回に「斬鉄剣が斬れないものはないのか?」って聞いたら「コンニャクが斬れない」と言って、みんなで土を掘ってコンニャク芋からコンニャクを作って、小型の飛行機にコンニャクを貼り付けて向かったら、本当に斬れなかったという、そういう回が好きでした。

次元が帽子を焼かれて、不二子がちゃんと用意してくれるんですけれど、「生地は、何歳のゾウアザラシの…」とか、次元にそういうすごいこだわりがあるのも面白かったです。なので『ルパン三世』はミステリーであり、泥棒で、追いかける銭形警部がいて、という話ではあるけれど、本当に夕方の楽しい冒険の時間として「ああ、ルパン、カッコイイなぁ。面白いなぁ」という風に観ていました。あと、世界各地が舞台になるので、当時外国への憧れもあって、いろいろな国を『ルパン三世』で知るような感じでした。

お気に入りのキャラクターは…

――お気に入りのキャラクターとかいらっしゃいましたか?

大倉　これ必ず聞かれるんですけど、私は、やっぱり銭形警部が好きなんですよ。

湊　ああ!

大倉　『ルパン三世 PART2』で、ルパン一世のお宝を…タイトルちょっとド忘れしてしまいましたが――確か97話なんですけれど――そこで、銭形があっという間に3人を捕まえるっていうシーンがあるんです。本当はやれば出来る奴じゃないかって思いました(笑)。ルパンたち三人が投げ手錠で木に吊るされるんですよね。その時は逮捕しないで悠々と去っていくんですけれど、ルパン三世が「警察官なんかにしとくにはもったいない」って一言いうんです。

銭形は義理人情にも厚いですし…。だからなるべくカッコいい銭形であって欲しいんですよね。『PARTⅢ』の頃の銭形は、間抜けな役回りをさせられるところがありました。『PARTⅢ』も好きなんですけど、そのあたりが私には物足りなかったんです。でも、最近の『ルパン三世』はどちらかというと銭形をカッコよく描く方向になっているようで、私としては嬉しい限りです。

――湊さんはいかがですか?

湊　私はやっぱりルパンが一番好きですけど、それぞれのキャラクターが立っている回が好きです。不二子込みの連帯感が出ているのも好きですし、そこに銭形を含めた五人の関係性がすごく安心できるというか。根底にそれぞれに対する信頼感があるので、意外な回やお遊びの回があったりしても、全員への信頼を通して楽しめるところがあります。

不二子が裏切ったとしても「ま、不二子ちゃんも仲間だしな」とか「本当にピンチの時は助けてくれるしな」とか思いながら観ています。銭形に関しても同じです。

あと、大倉さんが銭形が好きだというのは、今回の『PART6』を観ていてそう感じました。結局はホームズの変装だったけど、銭形とルパンがお墓の陰にそれぞれが隠れて話し合う…ああいう場面が…あれが変装じゃなくて本物の銭形とルパンでもおかしくないというくらい、二人の間に絆があるという事を、すごく上手く活かしていたと思いました。

大倉　あれ、見た目が銭形だから、多分ルパンも喋ったと思うんですよね。

湊　そうですよね!　あの場面、すごくよかった。

大倉　ありがとうございます。

湊　会話だけの場面なのにすごくカッコよかったです。

大倉　銭形の担当声優の山寺宏一さんにアフレコの時にお会いしたら「とってもカッコいい銭形をありがとうございました」と言っていただけて、恐縮してしまいました。

オファーを受けた時の気持ち

――お二人の『ルパン』愛が強い事がわかるお話でした。さて、次は大倉さんにお尋ねします。今回はシリーズ構成を含めてのオファーだったと思うのですが、その経緯と、それをお受けになったときのお気持ち

大倉崇裕 TAKAHIRO OKURA

PROFILE

1968年生まれ。京都府出身の小説家。97年、『三人目の幽霊』で第4回創元推理短編賞佳作を受賞。98年には『ツール&ストール』で第20回小説推理新人賞を受賞。『福家警部補』シリーズは、テレビドラマ化されるなど人気を博す。また2017年公開の映画『名探偵コナン から紅の恋歌』の脚本を担当し、21年には『ルパン三世 PART6』のシリーズ構成を担当。代表作に『白戸修』シリーズ、『警視庁いきもの係』シリーズなど多数。

湊かなえ KANAE MINATO

PROFILE

1973年生まれ。広島県出身の小説家。2007年、『答えは、昼間の月』で第35回創作ラジオドラマ大賞受賞。同年『聖職者』で第29回小説推理新人賞を受賞し、08年に同作品を収録した『告白』で小説家としてデビューする。「2008年週刊文春ミステリーベスト10」第1位、09年本屋大賞を受賞した。『告白』は映画化もされ、12年にはテレビドラマ『高校入試』で脚本を担当。『ルパン三世 PART6』では、第9話「漆黒のダイヤモンド」で脚本を手掛ける。

LUPINⅢ PART6 SPECIAL DIALOGUE

「リリーはかわいいし、ホームズも段々シャープになっていくし」（湊）

を教えてください。

大倉　以前『PART5』の時に、「ゲストとして一本書いてくれないか」というオファーをいただきました。その時に、割とゴリゴリのミステリーを書いたんですね。ルパンが名探偵になって事件を解決するという。これは想像なんですが、それをどなたかがご覧になって「あ、この路線でもいけるのかな」って思われたのかなっていう気がするんです。

　だから今回呼んでいただいた時は、てっきり脚本の依頼かと思っていたんですが、「シリーズ構成をやってくれ」と言われて。今さら言うのもなんなんですけど、私、その時、シリーズ構成って何をやるのか知らなかったんですよ（笑）。だから「経験がないのですが、いいんですか?」って言ったら、「まぁみんなも助けるからいいですよ」みたいな返事だったんで（笑）。テーマが「ミステリー」という事でしたので、それであれば相談しながらできるかな、という感じでお引き受けしました。

――ご自分の回の執筆だけではなくて、他の錚々たる執筆メンバーの大まかなストーリーラインというかガイドラインみたいなものを作ったりもしたのでしょうか?

大倉　私がまずやった事は「メインのテーマは『ルパン対ホームズ』はどうだろう?」という提案をした事です。自分はシリーズ構成担当だから、いろいろな脚本家の方に声をかけて、書いたものに対して意見を言えば良いのかと勝手に思っていました。

　実際は…これはトムスさん（制作会社）からの提案だったんですけど、いわゆる脚本家ではなくて作家を生業とされている方にお願いをしたいという事だったので、そのメンバーを決めたり、書いてくださったものを監督たちと一緒に会議で何度もディスカッションしました。あとはアフレコにも立ち会いました。

――湊さんは、大倉さんが、シリーズ構成として参加していらっしゃるという事に、どういった思いやご感想を持たれましたか?

湊　『ルパン三世』のお話をいただいた時に、1話だけのゲスト参加と聞いたのですが、私のルパンは『PARTⅢ』の前半くらいで止まっていたので、まず『PART4』と『PART5』を観ました。『PART5』を観た時に、物語性というか、たとえば『ルパン三世』から何か教訓を得ようというようなテーマ性が重視されてきているなと思って。「あれ、最近の『ルパン』って、大変な世界になってるな」と思いました（笑）。

　大倉さんが、ミステリー作家としてただ脚本を書くというだけでなく、全体の構成をされると聞いた時に、ああ、事件や謎解きを通じて、何か訴えるものがあったり、人間性を示したり、そういう世界を描くために大倉さんが選ばれたんじゃないのかなと思い、なるほど!　と納得しました。そう考えると、「あれ?　自分がここに参加していいの?」と思ってしまって。

　私は『ルパン』を通じて何を発信できるんだろう?　そもそも最近の視聴者…『ルパン』ファンの方たちは、『ルパン』から何かを得る事を期待しているのだろうか?　と思うと、どうしたらいいんだろうと、混乱したりもしました。でも、きっと大倉さんがメッセージ性込みでカッコいいルパンを、そしてミステリーとしての謎もいっぱい散りばめて書かれるだろうから、もう私は、遊ばせてもらおうと思って、逆に開き直る事ができました。

　あと、先ほど話しました、「小説推理新人賞」の選考会の時、大倉さんの選評を読んでいたら、自分と見ている方向は全く一緒ではないけれど同じ方向を向いてるなというのがわかって。

大倉　ははは、そうだったんですね（笑）。

湊　応募作へのツッコミどころとか。

大倉　結構、詳しく書いちゃいましたからね。（笑）。

湊　大倉さんが気になったところや、面白いと思う部分でうなずける箇所がたくさんありました。だから、自分が好きに書いても、大倉さんとは向いてる方向は、そんなにかけ離れたものにならないんじゃないかなと思って、少し安心した部分もあります。

大倉　そうだったんだ…わぁ、選考会ありがたい（笑）。初めて知りました。

大倉さんから見た湊脚本の印象

――大倉さんは湊さんがご執筆なさった『漆黒のダイヤモンド』の脚本を読まれた時に、どのような印象を持たれましたか?

大倉　実は湊さんに限らずお願いしたみなさんには、「こういうのを書いてくれ」というのは何も申し上げなかったんです。今まさに湊さんに見抜かれてる感はありますけれど、私が「ホームズ編」を書くので他の方たちには作家性を全面に出していただき、自由に書いていただいた方が絶対面白いだろうと思っていました。一話一話がバラバラになるかも知れませんが、何らかのまとまりは出るだろうと、何の根拠もなくそんな風に思っていました。

　ただ、心の奥底では「湊さんは、不二子なんじゃないのかな?」と思っていたところがあって（笑）。それで読ませていただいたら、まぁ見事な不二子編で。しかもそれが『PART2』にも『PARTⅢ』にも通じるような、いわゆる『ルパン』の王道をいくような内容だったので、いやもうかなり…小躍りって言ったら大げさですけれど、ガッツポーズをした覚えがあります。

　ただ今回大変だったのは、私も含めて、みなさんのお話が、24分間に収まり切れなかったという点です。それを縮めるために泣く泣く「ここをなんとかしていただけないか」という提案をして書き直していただくことがありました。湊さんにも書き直しをお願いしましたが、二稿目が更に面白くなっていて。脚本会議でも「完璧ですね！　これでいきましょう！」と即決で、その日の会議はすごく短く終わったんですよ（笑）。

湊　よかった！（笑）。

大倉　それこそ湊さんがおっしゃったように、今度は製作陣がみんな、湊さんの脚本と同じ方向を向いているような感じでした。次元と五ェ門がとにかくボケキャラとしてめちゃくちゃ秀逸でしたね（笑）。ダイオウイカのシーンも最高でした。

湊　お気に入りの場面です（笑）。

大倉　今回、次元役が小林清志さんから大塚明夫さんに替わりました。大塚さんも気を遣っていろいろと考えながら演じられていたと思うのですが、湊さん回の「何しに来たんだ俺たち」というセリフを、すごく楽しそうに言っていらしたのが印象的でした。ストーリーもとても楽しかったですし、スタッフを含め、大変楽しく作業させていただきました。

湊　よかったです。ほっとしました。ありがとうございます。

湊さんから見た大倉脚本の印象

――湊さんは、大倉さんがご担当なさった、本筋と言いますか、「ルパン対ホームズ」の部分…ミステリー要素をガチガチで入れていくだろうとおっしゃっていた部分ですね。それをご覧になった感想などございますか？

湊　まず最初に、とにかくリリーがかわいいんですよ。

大倉　はははは、よかった！

湊　みんな昔からわかっている事ですが、ルパンって女性や子どもに優しいんですよね。で、「リリーかわいいな」から始まったのですが、事件が起こって、そこにルパンがどう関わるのだろうと…。でも話の続きの合間に別の回が入るので、大変だろうなと思いました。

大倉　そうなんですよね。

湊　飛び飛びの全5話なので、事件が難しすぎたり登場人物が多すぎたりしたら、視聴者がついていけなかったり、ストーリーを忘れてしまったりして、吸引力が落ちてしまう事があります。だけど、そのために単純なストーリーにしたり、登場人物をすごく絞ってしまうと、1話目くらいで謎が解けたり犯人がわかったりしてしまいますよね…。

大倉　そうなんです。そうなるのがいちばん怖いですね。

湊　そんな難しい枠の中で、全5話が飛び飛びでも視聴者を引っ張れたのは、やっぱりキャラクターの魅力だと思いました。リリーはかわいいし、ホームズも段々シャープになっていくし。

大倉　そこは狙ったんですよね（笑）。

湊　ルパンもどんどんカッコよくなっていくし、銭形警部も…お墓で二人で話す場面とか、本当に登場人物が核心に迫るにつれて内面の深いところが出てくるので、すごくキャラクターにも惹かれていくし、事件の真相にも惹かれていきます。最後に、リリーをワトソンと呼ぶじゃないですか！

大倉　はいはい（笑）。

湊　「ああ、よかった」といういいラストでしたし、お宝に関しても、あの時代だったらみんなが奪い合うけれど、今は何の役にも立たない、そんなものに躍起になってた事がバカバカしいよねとか…そういう事を気づかせてくれるような演出もしっかりと盛り込まれていて。本当に大変だっただろうなと思いました。

　しかも、「あれ、前の話どんなだったっけ？」とか「今日は最終回だから、今までのを全部観返しておかないと」とか思う必要がなく、オンタイムで観ながら、ちゃんと話についていけました。すごくご苦労されたんじゃないかと思うんですが、観ている側は本当に楽しかったです。

大倉　ああ、もう何よりです。ありがとうございます。『ルパン』は、犯人当てに特化したり謎をもっと難しくするという事は実は割と簡単なんですけど、『ルパン三世』は、きっと何度も観返されたりするものじゃないですか。

湊　そうですね。

大倉　今は特に配信もあるので、好きなエピソードを何度も観返すことができます。だからあまり謎と解決だけに特化してしまうと、もう一回観る楽しみが壊れてしまうのではないかと。ですから、あんまり単純な謎ではダメなのですが、それほど複雑にもしませんでした。

　実際、真犯人も最初から隠すつもりはなかったので、わかる人には早々にわかったと思います。…声優さん、同じ方ですしね。

湊　そうなんですね！

大倉　声音を変えてるだけなんですよ。だから…。

湊　なるほど。ファンはすぐわかりますね（笑）。

大倉　あまり犯人当てだけに集中してしまうと、犯人がわかってしまった瞬間にあとはどうでもよくなってしまうじゃないですか。

湊　わかります。

大倉　『ルパン三世』の場合は、それは避けたかったんですよね。あの銭形回はまさに湊さんがおっしゃったように、少し間が空くので「思い出してもらう回」だったんです。真ん中に置いて「ホームズまだ続いてますから、みなさん覚えておいてくださいね」みたいな（笑）。

湊　過去に何があったかとかもですね（笑）。

⬆準ヒロインといってもいいポジションのリリー。14歳の少女の持つかわいさと儚さ、どちらをも体現したキャラクターとなっている。

主人公選び

大倉　その次の次元の回の樋口明雄さんがお書きになった『ラスト・ブレット』は、一応「ホームズ編」の中に少し入ってますけど、実は最初は別な話で。
湊　そうなんですか!?
大倉　全然異なる内容だったんですよ。それをスタッフ会議で「これはリリーの話にもできるよね?」ってなったんです。
湊　おおーっ!
大倉　樋口さんが割とノリノリになってくださって、結構書き直していただきました。それでケニーが出てきたりして。
湊　ケニーもカッコよかったです。
大倉　あれ、よかったですよね!
湊　特に次元のセリフ、職業ではなく「生き様」!
大倉　ガンマン!
湊　名言ですよね。
大倉　次元の回って、やっぱりすごく人気が高いんですよ、視聴率的にも。だから、シリーズ構成の話をいただいた時に、「次元の回はどうしよう」と悩みました。
　そこで、樋口さんが以前『ルパン』を小説で書かれていた事を思い出しまして…。山に住んでいらっしゃるし、銃にも詳しいので、次元で書いてくださるのではないかと思ったんです。
湊　共通点が揃っていますものね。
大倉　予想通り、最高の次元を書いてきてくださいました。これも大変ありがたかったですね。最初は私の「空き家の回」が単独でポンと入る予定だったんです。でも、うまく樋口さんのお話がこれにくっついて。こういうのがシリーズ構成ならではの苦労なんですかね。
　ただ本筋はすごくベーシックでいいだろうと思っていましたから、その合間合間を、それこそ湊さんはじめ、みなさんに好きに書いて振り切っていただきたいと。だから、私の回はどちらかというとやや地味に進んでいくので丁度いいのかな、と思ってました。本当に、みなさんに助けていただきました。
湊　いやもう、信頼できる本筋があるからこそ遊べるというか、私は他のゲスト脚本家の方ともお会いした事はないし、この『ルパン』についてお話をした事もないけれど、大変だったのは大倉さんだけで、みんな、遊ばせてもらったと思うんですよ。
大倉　そう言っていただけるとシリーズ構成者冥利に尽きます。
湊　人気のキャラクターでファンに何十年も愛されていて、説明なんかしなくても「こういう人たち」ってわかってもらえる、そんな楽しい枠の中で「あなたの好きにしていいよ!」って。東京ディズニーランドを貸し切りで遊べるみたいな感じ（笑）。
大倉　はははは（笑）。どこから行っても何から乗ってもいいんだよっていうね。
湊　それです、それ（笑）。どれから乗ろうかなっていう。
大倉　解放感。
湊　「私、これをやってみたかったんだよね」とか（笑）。
大倉　入り口からパーッと走って行く感じですよね。そういう風に感じていただけたのであれば、こちらとしては大成功だったというか、それを聞いてホッとしました。
湊　すごく贅沢な経験で、本当に「ああ、小説家になってよかった」って実感しました。子供の時に毎日の習慣のように観ていたあの番組に自分が関われたんだと。
大倉　私も同じ思いでずっといるんです。そういえば、作家のみなさんに好きに書いてくださいと申し上げたんですけど、不思議とキャラクターが、かぶらなかったんですよ。たとえばみなさん全員が、不二子を選ぶ可能性もあるわけで。
湊　そうですね、みんなが好きなキャラクターを選ぶとね。
大倉　でもその一方で、「いや、多分そうはならないだろうな」という予感もあったんです。実際、バランスよく、うまく割り振られるという不思議な事が起こりました。
　実は、私が『PART5』で1話だけ脚本をやらせていただいた時に、ゲスト脚本家の方が全部で四人いたんです。
湊　そんなにいらっしゃったんですね。
大倉　私はルパンを探偵にしたかったので、「ルパン回」にしようと決めて打ち合わせに行きました。そして初めての顔合わせでプロットを出したら、全員違ったんです!
湊　そんなことがあるんですね!?
大倉　その経験があったので、今回もそんな風になるんじゃないのかっていう思い込みがありました。でも、今から考えるとすげぇ恐ろしい事をやったなと思います（笑）。
湊　そうですよね、プロット出したあとに「重なってるから、他のキャラにしてもらえませんか」って言われたら、一気になんか…。
大倉　えー、好きに書いていいって言ったじゃん! って事になるじゃないですか（笑）。
湊　なりますよね（笑）。
——かぶらなかったというのは結構すごい事ですね!
大倉　それこそが『ルパン三世』なんだろうなと思うんです。メンバーの五人がすごくしっかりとしたキャラクターで受け継がれてきていて、しかもみんな好きなキャラクターが違うから。そこがやっぱり『ルパン三世』の魅力だな、と思います。

⬆第8話は次元の渋さが際立つ印象的な回。銃器のエキスパートである次元だが、やはり相棒のコンバットマグナムが一番しっくりくるのは間違いない。

湊かなえさんが不二子を選んだ理由

——湊さんは、なぜ不二子の物語を書こうと思われたのですか?
湊　本当に単純に、執筆メンバーの中で自分だけが女性というのもあったし、女性が活躍する回を書きたいなと思ったからです。「ルパン対ホームズ」と聞いてるのにブラジルを舞台にしたのは、ちょうどプロットを出さなきゃいけないギリギリの締め切りくらいの時期に「リオデジャネイロブックフェア」に招待していただいたんですね。飛行機に乗る時間が長いから、そこでプロットを考えようと思ったんです。

ブラジルに着いてから、まずサンパウロで領事館の方にお会いして、「ジャパンハウス」に行ったんです。そこで職員の方とお話する中で、日本からの移民がすごくたくさんいて、日本の歴史の一部に大きな影響を与えているのに、それに触れた作品があまりないという話をお聞きしました。じゃあ、せっかく『ルパン三世』っていろいろな国を舞台にルパンたちが駆け回っているのだから、ブラジルを舞台にできないかな、と思ったんです。

⬆湊氏が手掛けた第9話。招かれたブラジルで得た情報を組み込みつつ移民をテーマにしたストーリーを書きあげてしまう、湊氏の手腕には誰もが舌を巻きそう!!

ネットで得られる情報だけだと、多くの人がすでに知っている事ばかりですよね。そこで「ブラジルの人だからこそ、ブラジルに住んでいるからこそ、知っているエピソードってありますか?」と「ジャパンハウス」の方たちに伺ったら、30年前まで監獄だった所が今はリゾートホテルになっていますよとか何十年に一度だけ花が咲くカシューナッツがあるんですよとか、教えていただいたんです。

大倉 そうなんだ、なるほど!

湊 あとは、移民の方たちがどういった農作物を作ってきたかというお話の中で、成功した人と、なかなか上手くいかなかった人がいるという話になって、成功した人たちの中に、胡椒を栽培した方がいるという話を聞いたんです。そういうエピソードを聞いているうちにガチガチガチッとピースが頭の中ではまっていって。いけるかも、と思いました。あ、でもロンドン発だけど、ブラジルが舞台で大丈夫かな、と気になりましたが。

大倉 すみません、色々気を遣っていただいて（笑）。

湊 なのでその分、不二子回にするとフットワークが軽くなるかなと思ったんです。一回目のプロットを出したあとに、五ェ門はホームズに叩きのめされて修行に出ていると聞いたので、じゃあアマゾンで修行していたらいいかもと。で、やっぱり久々に会う五ェ門って「ザ・五ェ門」みたいな登場の仕方をして欲しいよね、って…だから、ダイオウイカ（笑）。

大倉 ダイオウイカ!（笑）

湊 そうなんです。あと自分の担当は第9話というのは聞いていたので、ロンドンで大詰めで大変な時にルパンはさすがにブラジルまでは来れないなと思ったんです。『ルパン三世』で、たとえ不二子がメインの回でも、ルパンが出ないなんて、おかしいぞと思って。よし、ルパンをドローンから立体映像で登場させてみようかなっと。ダメもとで書いてみたら、採用していただいて。

大倉 大ウケでしたよ! ドローンで、ルパンパウダーでドローン!

湊 そんな感じでいきなり舞台をブラジルに飛ばしてしまって大丈夫かなと心配だったのですが、他のみなさん、国が違うどころかタイムスリップがあったり…でもそれも、ちゃんと根拠がある仮想世界だったり。しかも本当にあったんじゃないかっていうラストが…工事現場から出てきたりとか…。「メッチャ遊んでるじゃん（笑）」って。

大倉 もう、すごいやりたい放題ですよ。

湊 そうなんです。自分だけがやりたい放題したかと思ってたら、本当にみなさんがもっとやりたい放題してたから、楽しかったんだろうなぁと（笑）。

「シリーズ構成」を経験して感じたこと

——大倉さんは、脚本家のみなさんの中では、一番早く全体を見通せる立場にいらっしゃったと思うのですが、それをまとめなければいけないご苦労とは逆に、「楽しみ」という点があったのではないでしょうか。

大倉 一番最初にみなさんの脚本が読めるわけで、それがもう最高の楽しみでした。個人的に楽しかったのは、オンエアの順番を決める時。自分の回は決まっていたので、どの順番でどの作家の話をどの話数に持ってくるかという事を考える時は楽しかったですね。

辻真先さんはすぐに決まったんです。これはもう絶対第3話って。「明智小五郎は、やっぱり真ん中あたりだよね」と、スタッフでワイワイやるのが、すごく楽しかったです。

そもそも『ルパン三世』に関わる事自体が非常に楽しい事なので。あまり仕事という感じではなかったんですけれど。オープニングのあのテーマ曲に乗せて、自分の名前が出るっていうのは、これは自分への勲章だよな、みたいなね（笑）。大変な名誉をいただいたという気持ちになりました。

——あとに残りますものね。

「一番最初にみなさんの脚本が読めるわけで、それがもう最高の楽しみでした」（大倉）

「自分が観たかった『ルパン』を自分が書かせてもらって楽しめた事がもう満足で」（湊）

大倉　そういう意味では全て、何もかも楽しかったっていう感じです。

脚本を担当してみて感じたこと

——それでは最後になりますが、『ルパン三世』に関わって、全体の感想を改めてお願いします。

湊　最初は「どうしたらいいかな？」と迷いましたが、書いてる時はノリノリで。本当に「ああ、すごく遊んだな」って思ったんですけれど、急激に不安になったのが、『PART6』の特報が9月頭に出たじゃないですか。そうしたらツイッターのトレンドワードのすごい上位に『ルパン三世 PART6』って上がって。

⬆大泥棒であっても、決して汚い盗みをせず、時に弱きを助けるルパンファミリー。大倉氏の持つ「ルパン像」がクールかつ魅力的に描かれた「ホームズ編」だった。

大倉　あれすごかったですね！

湊　みんなが「楽しみ」「楽しみ」って…。夜中にオンエアされる『ルパン三世』って、私たちの年代か、ちょっとそれより上の方くらいしか観ないのでは？　と思っていたんです。でも『PARTⅢ』『PART4』『PART5』にもそれぞれファンの方々がいて、ずっと追いかけていたり、若い方が配信などで観てファンになっているわけで。ツイッターのトレンドワードになるくらいみんなが期待してるんだと思ったら、あれでよかったのかな、と不安になって。

　オンエア開始になっても、他の方たちの回が面白いから、自分の回だけひどい事になってしまったらどうしようって…。みなさんの、「期待してる」という声に応えられる作品になってるのだろうかって、オンエア当日まで、すごくドキドキしながら過ごしていました。しかも、関西は一週遅れだから…。

大倉　そうでしたね。

湊　自分が観ないまま…。

大倉　あ、そうか！

湊　反応だけ先に知る事になったら怖いぞと思って。

大倉　それは怖いですね、たしかに。

湊　でもちょうどオンエア当日は東京に行く用事があったので、オンタイムで観られました。

大倉　ああ、よかった！　それはもう何よりでしたね。

湊　オンタイムで観て、オープニングの曲のときにはドキドキしてたんですけど、始まったら「そうそう、私はこういう『ルパン』を昔から好きだったんだ」って、自分が楽しめたので、観終わってホッとするというより、他の人の反応とか全くどうでもよくなりました。自分が観たかった『ルパン』を自分が書かせてもらって楽しめた事がもう満足で。すごく幸せな機会をいただいたと思います。ちょうど12月だったし、今年一年のご褒美というか。

　『ルパン三世』と他の自分の今までの作品との違いというのは、自分の作品の映像化は、自分がゼロから作っているものなので、全責任は自分が取ればいいだけだけど、今まで積み上げられてきた…特報が出ただけで、みんながワーッと期待する、他の方々が築き上げてきたものを自分が壊すかもしれないと考えると…。

大倉　ですよね…。

湊　そういう不安はあったんです。作家って最初から一人で作品を書いて一人で完結してっていう感じだけど、こういうシリーズものに加わって、みんなで一つの『ルパン三世 PART6』を作っていくという楽しさ、そういうものに参加して書く楽しみというのを、今回初めて味わう事ができました。もしも、また呼んでもらえるとしたら次は何の作品がいいかな？　とか（笑）。

大倉　ご自分でシリーズ構成をやられるしかないんじゃないですか？

湊　いえいえ、人気の作品に一話だけ乗っかりたいんです（笑）。

大倉　わははは！（笑）。

湊　次はどこのテーマパークを私に貸し切りにさせてくれるだろう？　とか（笑）。そういう楽しさを覚えてしまったので、またどこかでお声をかけていただけたらいいなと思ってます。

大倉　では今後、何か私が関わるような事があったら…。

湊　ぜひぜひ！

——大倉さんはいかがですか？

大倉　元々好きだった『ルパン三世』を担当させていただけた事もそうですが、やはり一番は、『ルパン』を次に繋げられたかなという安堵感みたいなものが結構大きいです。

　『ルパン三世 PART5』というのがですね、大変な名作なんですよ。かなりルパンのルーツに踏み込んでいますし、しかも扱ってるテーマが「ハイテク」なんですね。現在のネット社会の情報量の速さに対して「大泥棒」っていうのはどうよ!?　ルパン三世ってもう時代遅れなんじゃないの？　というところまで突っ込んでいるんです。結果的に、そんな事ないよという終わり方をするんですけども、割と行く所まで行ってしまった感じがして…。しかもこれがまた面白いときている。だからこそ続編がとても作りにくい。名作のあとって、次を作りにくいじゃないですか（笑）。
　それがあったので、『PART6』のお話をいただいた時に、ああ、これは『PART5』を一度リセットしないといけないと思いました。あのまま行くとハイテクでルパン三世がこれ以上活躍する余地がもうなくなってしまっているわけです。それをいったん止めないと、『PART6』『PART7』『PART8』が作れなくなってしまう。そういう時に、じゃあ名探偵ならそれができるだろう、と思いついたんです。それでルパンとシャーロック・ホームズにしたんですね。名探偵って別にハイテクいらないんですよ、頭いいから。いちいち検索しなくても推理で突き進んで行けますし。
　そういう意味で、村越繁さんがやっていらっしゃる第2クールに繋げられたのではと。多分『PART7』も出来るだろうし、劇場版だって出来るだろうし、『ルパン三世』をまた続けていけるよなって思っています。少し質問の趣旨とはズレるかも知れないんですけど、そのような安堵感がとてもあるんですね。なので、またお声掛けいただいたら、ちょっとどうするか考えますけど（笑）、とりあえず、自分の役割はなんとか全うできたのかなという充実感というか、そういうものは感じていています。

――少しマニアックな質問なのですが、「レイブンのお宝」と「漆黒のダイヤモンド」は両方とも、「過去には価値があったけれども今は意味をなさなくなってしまったお宝」を探すお話になっていますよね。これが偶然ダブったのだとしたら、凄い事だな、と感じたのですが…。

大倉　全くの偶然で、さっき湊さんがおっしゃった時、そうだよな、と自分でも思ってたんですけど。いやもう全くの偶然で。

――どちらも、過去の歴史とその時の人々の想いとかも含めて、意味のあるお宝として描かれているので…大倉さんも湊さんも凄いなと思いました。

大倉　ありがとうございます。やっぱり向いている方向は似てたのかもしれない。

湊　そうですね！　物は違えど、そういう共通点があったのかっていうのと、あと別に大倉さんと私が今回初めてそういうお宝にしたわけじゃなくて、ルパンって盗んだものの大半が、なんか、その時にあんまり活かされないという…。

大倉　大抵期待外れか…。

湊　いいものが盗れたら、不二子に持っていかれたりとか（笑）。

大倉　美女に返しちゃったりとかね、色々。

湊　そう！（笑）そうなんです、鳥なんかが持っていったりとか。なのでルパンが「お宝ゲットだぜ」みたいなドヤ顔でお金持ちになってしまったら、子どもの頃にルパンの事を好きになってないのかなと思って。
　ルパンがお金持ちになるためにやってるとか、そういう事ではなく、お宝を盗る過程を視聴者は楽しんでいるというのと、あとそういう昔に価値があっても今は価値がないものもあるとか…。せっかく苦労して盗ったものが、がっかりするけれど「まぁいいか」ってみんなが思える…「まぁいいか」は、ストーリーの面白さが補ってると思って…なので、「お宝はこんなだったけどまぁいいか」って持っていけるものって何だろう、と。そこは昔から、自分がワクワクしていた感覚を持ったまま書きたいなと思って出来た結果かなと思います。

大倉　ルパンって根拠なくすごいポジティブですよね。

湊　ええ。

大倉　ダメだったとしても「まぁいいか」って、来週また別のお宝を狙いにいくんですよね。彼ら（笑）。

湊　悔しがらないですよね。

大倉　あーあっていうぐらいで、すぐ次に行くっていう。全く懲りてない。

湊　そう、すごく苦労はしてるのにね（笑）。

大倉　かなりお金も使ってるはずなんですよね。

湊　うんうんうん！

大倉　そういう意味では心配になるぐらいなんですけれど。

湊　あの執着しない感じがいいんだろうなと思って。

大倉　そこは一つのルパンファミリーの魅力ですよね。

湊　そうですね！「でも楽しかったよねー」という感じで終わるのがいいのかな。

――お二人のお話を聞いていて、もう一回観たくなりました。

大倉　何度でも観られるようには作ったので（笑）。

――本日は楽しいお話を本当にありがとうございました！

（2022年1月Zoomにて）

「『ルパン』を次に繋げられたかなという安堵感みたいなものが結構大きいです」（大倉）

↑双葉社の一室で行われたZoom対談。司会は双葉社第二コミック出版部の遠藤氏。彼もまた『ルパン』世代ど真ん中。

ルパンは俺にとって一生ものの仕事であった。
命をかけてきた。
我儘を言えば 90歳までやっていたかったが残念。
何とかかじりついていたかったが無理だった。
歳をとればそれなりの深みが出てくるはずだ。
ただ映像とのギャップがあるか。

話は違うが以前、明夫ちゃんに聞かれたことがある。
「なぜ親父は五ェ門を辞めたんでしょう？」と。
親父とは大塚周夫先輩である。答えに窮したことがある。
さぞ先輩も無念だったにちがいない。
一部の方々から言われる事があるのは、
次元は歳をとった 聞きづらい。
当たり前だ わたしゃ 齢88歳であるぞ。
俺なりに努力した結果だ。
これからはそう言われることを気にしないですむ。
ほっとしている。

あとは明夫ちゃんに委ねます。
頑張ってちょうだい。
ただ、次元はそんじょそこらの悪党とは違うぞ。
江戸のイキというもんだ。
変な話だが、次元は江戸っ子だ。
明夫ちゃん、これは難しいぞ。
雰囲気は JAZZにも似ているんだ。

最後に
これまで応援してくれた人たちに
お礼を申し上げる。
ありがとうございました。

ルパン。俺はそろそろずらかるぜ。
あばよ。

KIYOSHI KOBAYASHI COMMENT

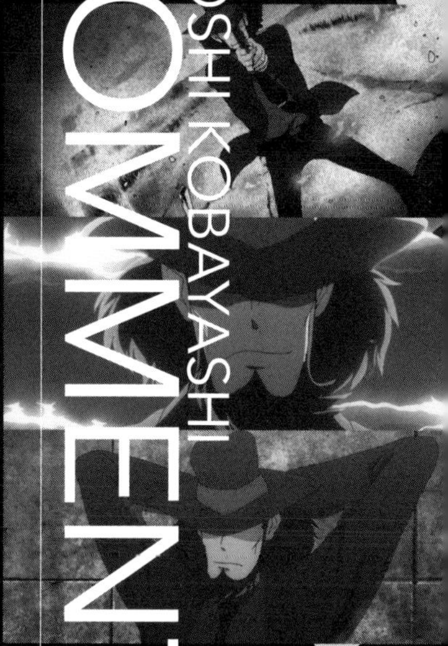

小林清志 コメント再掲 JIGEN

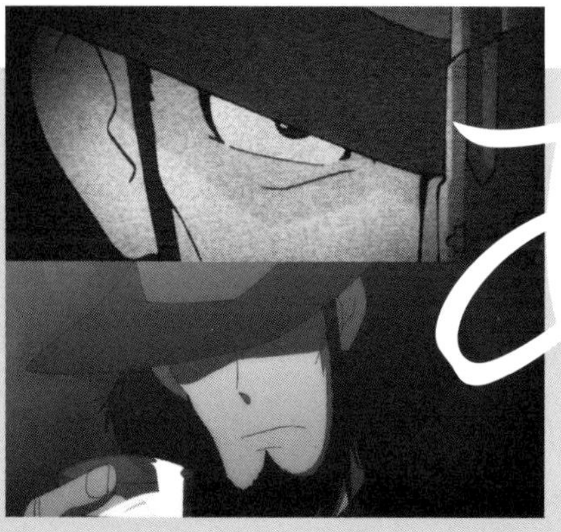

あばよ。

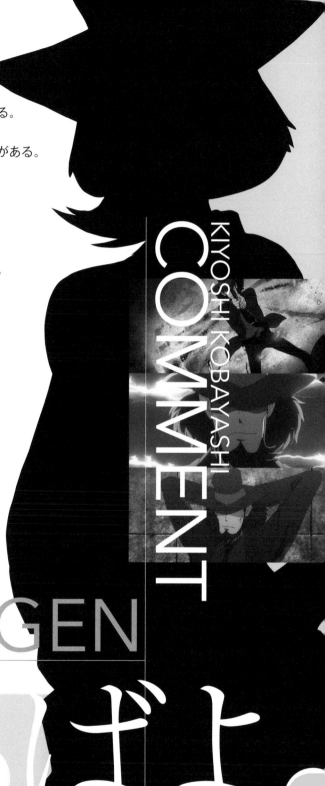

原作者モンキー・パンチ先生が描く『ルパン三世』の漫画

アニメとは異なるルパンの魅力がつまった原作

女性に弱くて三枚目、でもキメる時はしっかりキメる姿がカッコイイルパン。漫画ではアダルトな、ひと味違うルパンの活躍を堪能する事ができる。

ルパン三世
傑作集
モンキー・パンチ
ACTION COMICS
双葉社
LUPIN THE THIRD
MONKEY PUNCH

『ルパン三世傑作集』
定価:1980円（本体1800円＋税）
判型：Ａ５判　双葉社刊

収録話をチラ見せ！

ルパンファミリー集結！

ルパン ちょっと
招待状をいただいたのよ次元さん
あら アタシだって チャ〜〜〜ンと
!!

⬆ルパンに呼ばれて集まる次元、五右ェ門、不二子。妙な空気が流れ、仲間同士で争いが始まってしまう。

アルセーヌ・ルパンが遺したもの

ボッチャンのおじいさまからあずかったものです
オレのジイサンっていうとアルセーヌ・ルパンだけど……
なにをあずかったの!?

⬅ルパンの祖父であるアルセーヌ・ルパンからあるものを預かった老人。ルパンが本物か確かめる問題を出す。

謎の鉄仮面の正体とは…!?

ルパンははじめからオレ達をサツに渡すつもりでオレ達を逃げ場のねェこんな所に招待したんだ

➡ルパンファミリーに見慣れない鉄仮面。ルパンたちの事に詳しく、一味が集まった理由も知っている…？

ルパンの素顔!?

素顔をさらすな……さ……

➡ルパン家に伝わる盗術第三十三条を問う老人。その答えにルパンは顔を取ってみせる…。

収録話をチラ見せ！

特大のダイヤを狙うルパンたち！

➡厳重に警備されるダイヤ。ルパンは展示台へ移される際の、電気が消える一瞬を待つ。

『ルパン三世傑作集２』
定価：1980円（本体1800円＋税）
判型：Ａ５判　双葉社刊

華麗なチームワークをご覧あれ！

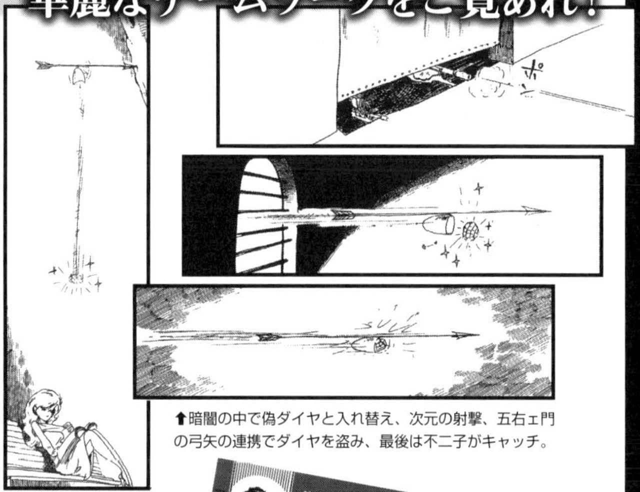

⬆暗闇の中で偽ダイヤと入れ替え、次元の射撃、五右ェ門の弓矢の連携でダイヤを盗み、最後は不二子がキャッチ。

➡ルパンの作戦を見破り見事に捕まえた銭形。意気揚々と刑務所に向けて車を走らせる。

銭形に捕まったルパンだが!?

収録話をチラ見せ！

ある夜に出会った女は外の世界を夢見る

⬅銭形から逃げる途中で負傷したルパン。逃げ込んだ部屋の女に匿ってもらうのだった…。

『ルパン三世 単行本未収録作品集』
定価：1980円（本体1800円＋税）
判型：Ａ５判　双葉社刊

➡女を自由にする約束を交わし、一ヶ月後に待ち合わせの場所を訪れたルパン。だが、女はすでに死んでおり…。

女の夢を叶えようとするルパン…

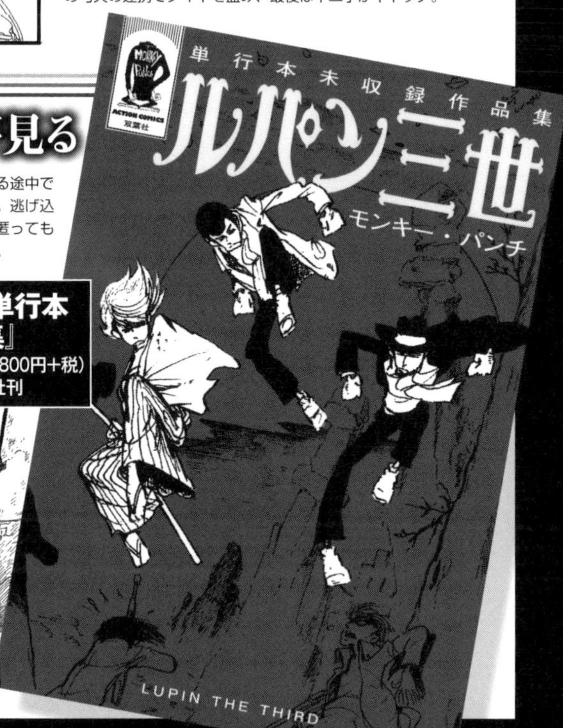

原作に触れる絶好のチャンス！

大塚康生さん一周忌に寄せて
～一編集者より～

大塚康生さんと初めてお会いしたのは、2002年7月に上梓された
『ジープが町にやってきた -終戦時14歳の画帖から-』(平凡社ライブラリー) の発売記念サイン会でした。
会場に多くのファンが並ぶ中、丁寧なサインをいただいて、とても嬉しかった事を覚えています。

その後、編集者として「ルパン三世公式マガジン」2002年8月19日号 (双葉社) 収録の
「モンキー・パンチ 大塚康生 おおすみ正秋 納谷悟朗特別対談」という豪華な企画に関わり、
貴重なお話をいろいろと伺う事が出来ました。
対談収録後の雑談中のことです。大塚さんがたまたま横にあった雑誌を手に取り、
漫画内のジープが沙漠を走るシーンを見て、「この方がもっとかっこよく見せられる」という意見をしてくれました。
それが具体的かつ非常に的確で、ジープという車の特性を活かした内容でもあったので、
「流石だ！」と思いながら拝聴しました。
このエピソードの後、同席していた同僚のアイデアで、「大塚さんに漫画を描いてもらう」企画が立ち上がりました。
既に一線を退いていたとは言え、アニメ界のレジェンドの一人に新しい仕事をお願いするわけですから、
かなり緊張してご自宅へ伺った記憶があります。
幸いな事に、大塚さんは面白がってくれて、ご快諾をいただけました。
そして、その後「漫画の描き方を教えてほしい」という大塚さんのリクエストに応えるため、
何度かご自宅へ通う事になったのです。

漫画とアニメは、表現の仕方、描き方が全く異なります。コマ割りやフキダシの描き方などはもちろん、
原稿のサイズや使うペンの種類など、初めて尽くしの描画に、苦心されておられたはずです。
しかし大塚さんはいつも笑っていて、新しいことを学ぶ事を楽しんでおられました。
「この人は、すごく若い人なんだな」と思いました。
漫画は数か月後に完成し、現在は『ルパン三世 大塚康生作画集』(双葉社) に収録されています。
私は途中で部署異動などがあり、残念ながら最後までお付き合いは出来なかったのですが、
とても思い出深い仕事となりました。

私見ですが、『ルパン三世 PART1』において、大塚さんが果たした役割には、大変大きなものがあると考えています。
前半と後半でがらりと作品の雰囲気が変わっていく中、それでも一つのタイトルとして統一感を持ち得たのは、
もちろん多くのスタッフの努力の賜物である事には間違いないのですが、
アニメーターとして最後まで関わり続けた、大塚康生さんの力量によるものが大なのではないか、などと思うのです。
そしてそれが、現在まで連綿と続く『ルパン三世』というコンテンツの
基礎の一つとなっているように感じます。

もちろん、大塚さんの残されたお仕事は膨大で、『ルパン三世』のみに留まるものではありませんが、
自分がわずかながら関わる事が出来た、一編集者としての視点からも、努力と才能、
そして好奇心と遊び心のある人だった、と強く思います。お会い出来て良かった方でした。
改めて、ご冥福をお祈り申し上げます。

株式会社双葉社　遠藤隆一

構成・執筆

株式会社 樹想社
（樋口真弘、戸澤好彦、鈴木美穂、船津夏生、米桝博之、石綿 寛）

監修

株式会社トムス・エンタテインメント

協力

株式会社エム・ピー・ワークス　日本テレビ音楽株式会社

カバーデザイン

武藤多雄

本文デザイン

武藤多雄、小松 昇（ライズ・デザインルーム）、矢後雅代

ルパン三世
LUPIN THE THIRD
PART 6

ルパン三世 PART6
OFFICIAL GUIDE BOOK

2022年5月31日　第1刷発行

発行者　島野浩二

発行所　株式会社　双葉社
〒162-8540
東京都新宿区東五軒町3-28
電話　03 5261 4818（営業）
03 5261 4851（編集）

印刷所　三晃印刷株式会社

製本所　株式会社若林製本工場

ISBN978-4-575-31718-3 C0076

http://www.futabasha.co.jp/（双葉社の書籍・コミック・ムックが買えます）

50
ANNIVERSARY
TV ANIMATION
LUPIN THE 3RD

ありがとルパン♡

9784575317183

1920076027000

ISBN978-4-575-31718-3
C0076 ¥2700E

50
ANNIVERSARY
TV ANIMATION
LUPIN THE 3RD

豪華スペシャ　ルメッセ

CAST
栗田貫一、　大塚明夫、浪
山寺宏一、　田健次郎、
諸星すみれ　清水理沙、

STAFF
菅沼栄治、　丸藤広貴、大

『ルパン』を愛　する二

SCREEN WRITER
大倉崇　谷&湊か

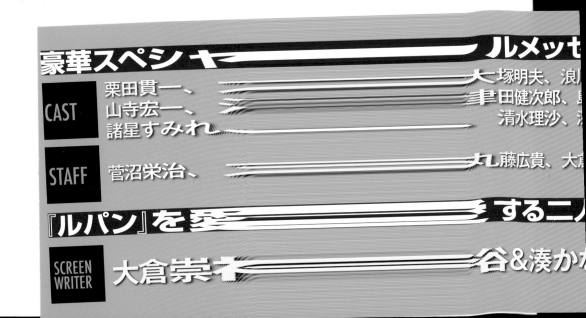